The Institute of
Seizon and Life Sciences

共創ウェルビーイング

——みんなでつむぐ 幸せのエンパワメント科学

生存科学叢書

安梅勅江 編著
Tokie Anme

日本評論社

目次

はじめに　1

第1章　共創ウェルビーイングとは……6

第2章　共創スキルをみがく……24

第3章　共創コミュニティをつくる……32

第4章　生きがい創成仕掛けづくり
——あそぶ、つくる、であうを究める「おもちゃ学芸員」による実践……45

第5章　誰もが主人公！　多様性包摂の「障がい」児共同保育……66

第6章　子育てに寄り添い、共に楽しむ
——子どもの未来をひらく「保育パワーアップ研究会」……92

第7章　参加型地域づくりで健康増進！
——多世代を巻き込む「とびしまオリジナル体操」……129

第8章　社会福祉法人で働く人の夢を束ねる
——当事者としてアイデアを出し合う「夢の花ワークショップ」……151

第9章　共創ウェルビーイング尺度開発……166

おわりに——みんなでつむぐ幸せな未来へ……178

付録　みんな元気に！　エンパワメントのコツ一八条……185

引用・参考文献……192

執筆者一覧……201

はじめに

ウェルビーイングは安寧、幸福、健康、福祉などと訳され、長い間、個人の幸福として論じられてきました。しかし人は一人では決してウェルビーイングを実現し維持することはできません。人は誰かと共に、そして環境と共に在ることで初めてウェルビーイングを達成できるのです。まさに人間の生存は、**他者や環境と共に存在する共創的なウェルビーイング**によって支えられています。

私たちは、さまざまな人びとが共に生きる幸せを目指す**共創ウェルビーイング**（Co-Creative Wellbeing）に注目しています。共創ウェルビーイングは、**自分、他者、環境に思いを寄せる、大切にするケア**（Care）と、**互いの違いを楽しみつつ共によりよい未来を築くクリエーション**（Creation）に基づくウェルビーイングです。

ケアは世話、配慮、心配り、気配り、思いやり、手入れなどの意味で使われますが、本来は人にとどまらず、自然を含むすべての対象に心を動かすこと、心を砕くことを意味します。ラテン語の“cura”を語源とし、心を対象に向けて動かすこと、思いやり、献身、心配、思い煩うなどの意味で用いられてきました。

一方でケアは、進化の原動力の一つです。生きとし生けるものは次世代を何らかの形でケアし、また環境をケアすることで生存してきました。

つまりケアにより、**未来の進化可能性**（evolvability）が拓かれるのです。同種間のケアにとどまらず、異種間、さらには環境を含めた生態学的なケアによって初めて地球環境を維持できることは多くの科学的な根拠が明らかにしています。共創ウェルビーイングは、自分、他者、環境に心を寄せるケアに基づき、持続的な未来を実現する取り組みでもあるのです。

本書では、この新しいウェルビーイングを深掘りし、これからの時代において共に生存する幸福や繁栄をより包括的に理解するためのアプローチを模索していきます。

変化の激しい不確実な時代、共創ウェルビーイングは一人ひとりが輝き、さまざまな人びとが手を取り合い、共に何かを築き上げる喜びをつむぐ革新的なアプローチです。一人ひとりが力を発揮することに加え、異なる背景や知恵をもつ人びとが協力し合い、共に成長することで、より強力で持続可能なウェルビーイングを描きます。

さまざまな人びとが共に生きる幸せ——それが共創ウェルビーイングの真髄です。共に生きる喜びと、組織や社会の多様性を一丸となって楽しむことにより、新しい幸福をつくりだす ▶

World of Possibilities への道筋をエンパワメントすることを目指しています。誰一人取り残さない、国連の持続可能な開発目標ＳＤＧｓの理念にも通じるアプローチです。

共創ウェルビーイングは、一人ひとりの可能性を最大限に引き出しつつ、集合知や共同作業により、新たな次元の幸福を築き上げるアプローチです。みんなで共に幸せをつくりあげる活動が、より多くの人びとに広がることを意図しています。たとえば、住民や利用者、専門職や事業者が共同でプロジェクトを進め、地域や組織全体のつながりを深めることで、新たな活力を生み出すことができます。このアプローチは、人びとがもつ知恵や経験を活かし、共に学び合うことを重視しています。人びとが共に活動することで育まれた新たなアイデアや共感が、幸せの輪を広げ、持続可能な社会を実現します。

共創ウェルビーイングは、さまざまな分野で効果を発揮します。企業や組織においては、組織文化やチームワークの向上に貢献します。たとえば、チームが共創ウェルビーイングの理念を取り入れ、コミットメントを高めるとともに能力や関心を活かすことで、生産性の向上やメンバーの満足度の向上が期待できます。

また教育においては、共創ウェルビーイングの原則を組み込むことで、学生たちの学習環境や自己成長にポジティブな影響を与えます。たとえば、教育者が学生たちと協力してプロジェクトを進める参画型の学習促進などがあげられます。

本書の構成は下記の通りです。

第1章では、ウェルビーイングの新たな側面を示し、共創ウェルビーイングの理念と原則、共創ウェルビーイングに向けたエンパワメント科学の効果的な活用法にふれます。第2章では共創するためのスキル、第3章では共創するためのコミュニティづくりについて、わかりやすいコツとともに整理します。

第4章から第9章では、私たちの四〇年に及ぶ研究成果の実装である六つの魅力的な事例を通して、共創ウェルビーイングの具体的な方法を概説します。継続的な発展と持続可能性に焦点を当て、成功した共創プロジェクトの分析や、エンパワメント科学を用いた実践的な手法を示しながら、未来への展望を探ります。

「おわりに」では、みんなで築く幸せな未来へのエッセンスについて論じます。

共創ウェルビーイングは、さまざまな人びと、文化、環境と交わることが第一歩です。これまでの自分の世界にとどまらず、まずは一歩だけ、境界線を越える必要があります。新しい世界は境界の先にあります。散歩できれいな花を見つけ、その花に心を寄せる。来年も咲いてほしい、そのために私に何ができるだろうと考える。そんな小さなふれあいの一歩でかまいません。まずは踏み出すことが大切です。越えた先にある異なるものに心を寄せ、ケアすることから始めましょう。

人びとに加え、自然の中にこそさまざまなヒントがあります。自然の知は汲めども尽きぬ泉です。その泉から湧き出る知を汲み出すことが共創ウェルビーイングに求められます。外の世界へ、窓を開けてみましょう。自然の空気を胸いっぱい吸うと元気になります。自然のパワーと共創しましょう。

共創ウェルビーイングは、人びとが協力し一緒に創り上げる新しい幸せの形です。このプロセスを通じて組織や地域がさらに輝き、一人ひとりが誇りをもちながら未来に向かって共に歩む共創ウェルビーイングの世界への扉が開くことを願っています。

第1章 共創ウェルビーイングとは

To enjoy happiness is the good but, to have a possibility to give its good to other people is the greatest good.（幸福を享受することは善であるが、その善を他の人々に与える可能性をもつことは最大の善である）

――Francis Bacon（フランシス・ベーコン）

1 共創ウェルビーイングの理念と原則

ウェルビーイングは、もともとは一九四六年の世界保健機関（ＷＨＯ）の健康の定義として登場しました。そこでは、「健康とは、単に疾病がない状態ということではなく、肉体的、精神的、社会的に完全にウェルビーイングの状態（Health is a state of complete physical, mental and social well-being and not merely the absence of disease or infirmity）」であるとしています。

共創ウェルビーイングは、自分、他者、環境に心を配る**ケア**（Care）と、共につくりあげる**クリエーション**（Creation）を基盤としています。実は他者や環境をケアすることは、自分をケアすることに直結しています。なぜなら、人の脳にはミラーニューロンがあり、相手の喜びや感謝を自分のこととして感じることができるからです。それは喜びや感謝を自分ごととして体感する、すなわち自分をケアする、大切にすることにほかなりません。「情けは人のためならず」とは、回り回っての情けにとどまらず、まさにその場で自分の喜びや生き甲斐となることを表現した深い言葉です。

ケアに加えて、よりよいウェルビーイングを共に創造する営みを共有する点が、共創ウェルビーイングの大きな特徴です。単なる寄り添い、心を寄せることにとどまらず、新たな未来を共に築こうという思いをもつことが共創ウェルビーイングの大切な要素となります。

共創ウェルビーイングは、自分と他者、環境や自然に心を寄せながら、協力と相互作用により個々の幸福を超えて共同で幸せを希求することを目指します。その理念は、多様な特性、価値観、アプローチをもつ人びとや環境を大切にしながら協力し、それぞれの知識や経験、在り様を共有しながら、より包括的で効果的なウェルビーイングを共同で創り上げることにあります。

共創ウェルビーイングの原則は、下記の五点です。

(1) 多様な特性、価値観、アプローチの尊重

共創ウェルビーイングは、多様な特性、価値観、アプローチを尊重し、それを積極的に活用することを大切にしています。異なる知恵や経験が交わることで、新たなアイデアや創造性が生まれ、幅広い視点からの解決策が見出されます。統合ではなく、多様性を多層的かつ多面的に包括する**新しい次元の創出**を目指します。参加者全員をすばらしい存在として認め、共創の力を最大限に引き出します。

多様性は大きな推進力となります。人種、性別、信条、得意なこと、苦手なこと、願い、嗜好など、人はそれぞれ違うのが当たり前です。だから**人との違いを楽しむ** Celebrate Diversity が基軸です。違いを楽しみ、違うからこその強みを互いに認め合い、違いを活かす、それが共創ウェルビーイングの礎となります（図1－1）。

共創ウェルビーイングで特徴的なのは、人びとに加え、その環境の多様性についても理解を深め、共存と共栄を尊重することです。

雑木林は杉林や竹林に比べて強いのです。雑木林はさまざまな種類の木が競い合い、助け合い、協力して独自の生態系をつくり、頑強で高い柔軟性をもつ林になります。一方、同種の林は

図 1-1　人との違いを楽しもう（Celebrate Diversity）
（エンパワメント絵本、エンパワメント研究教育フォーラム、2021）

人工的につくられたものが多く、災害などには弱いのです。多様性に富んだ人びと、文化、環境は、共創をはばたかせます。

(2) ケア（思いやり）、相互学習、知恵の共有

共創ウェルビーイングは、他者の思いに心を寄せるケア、相互学習、知恵の共有が鍵となります。お互いの思いを語り理解し合うことから始め、知識や経験から学び、これをプロセス全体に還元していきます。このケアと相互学習による共有の文化が、新たな洞察を生み出し、共同で築く幸せの基盤を強化します。

　一つエピソードを。震災後の仮設住宅で家族や家屋を失った人びとが集い、手作業しながらおしゃべりする「おちゃっこ」（お茶を飲みながらのおしゃべり会）を始めました。タオルでゾウの形をつくり、

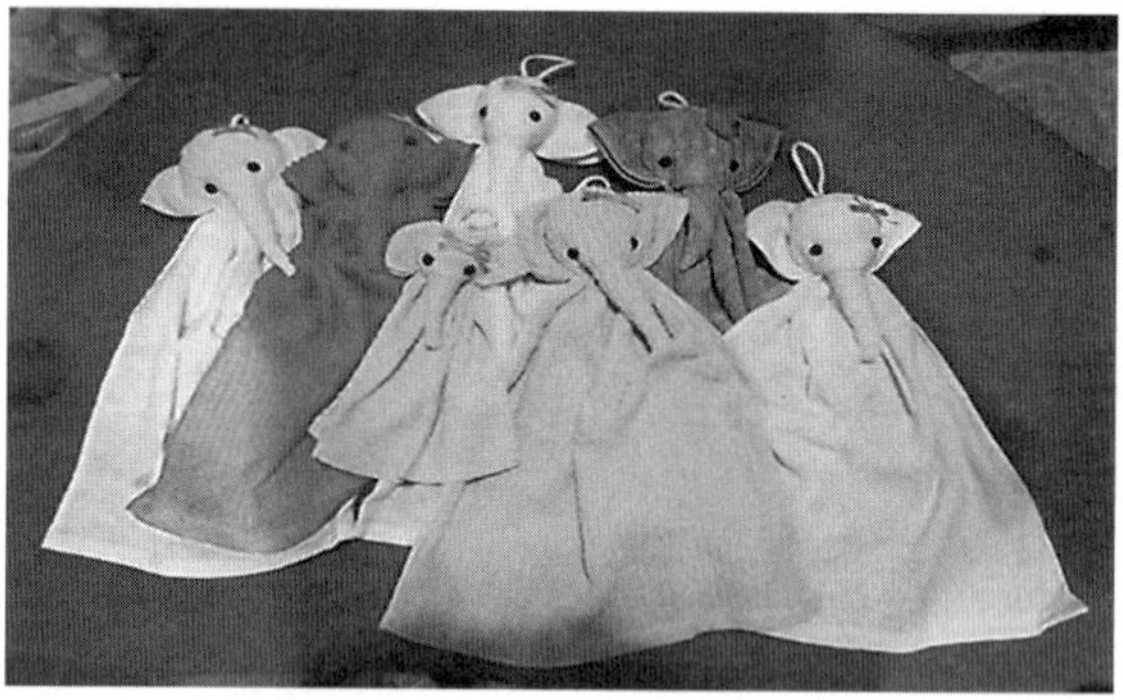

写真1-1 「負けないゾウ」から「夢かなうゾウ」へ

「負けないゾウ」と名づけました。たくさんのタオルを寄付してもらい、共に学び工夫しながらかわいいゾウをつくり、それを販売して「おちゃっこ」のお茶代にしました。

三か月後、メンバーの一人から「ゾウさんの名前を変えよう」と提案がありました。それはケアマインドいっぱい、世界のだれをも元気にする名前でした。「それはすてき！　ぜひそうしよう」と満場一致で新しい名前が決まりました。

さて、どんな名前だと思いますか？

「夢かなうゾウ」です（写真1－1）。だれかの心に思いをはせ、それがかないますように、と願うゾウ。すてきですね。世界中の人びとの夢がかないますようにと心を込めてつくることで、メンバーも幸せな気持ちいっぱいになりました。ケアマインドは、あなたの幸せと私の幸せを一緒に届けてくれます。

ネーミングはパワーの源です。ケア（思いやり）、相互

写真1-2　新しい遊びで共創ウェルビーイング

学習、知恵の共有の一つの手法としてご活用ください。

(3) 主体的な参加とエンパワメント

共創ウェルビーイングは、エンパワメントの考え方に深く根ざしています。エンパワメントとは、人びとに夢や希望を与え、勇気づけ、人が本来もっている生きる力を湧き上がらせることです。人はみずからの意見やアイデアが尊重され、自己成長と共にコミュニティ全体の発展に貢献することができます。主体的な参加が共創の成功に不可欠であり、それが一人ひとりのウェルビーイングの向上につながります。

第４章で紹介する事例では、メンバー一人ひとりの創意工夫が尊重され、それを仲間に伝えてさらに一緒に磨きをかけます。そして組織全体で共有し、**新たな展開をみんなで面白がる組織文化**を醸成しています（写真１－２）。

子どもたちが目を輝かせる遊びやおもちゃは、どうしたらできるだろうか？　ありったけの知恵を絞り、試行錯誤を繰り返します。手遊びが得意だったり、モノづくりのプロだったり、笑顔がすてきだったり、さまざまな分野に長けた仲間たちに相談し、さらに工夫します。一人ひとりが自分で考え、自分の得意分野を活かしながら主体的に参加するとともに、仲間の力を借りてさらに大きく育んでいきます。まさに自分エンパワメント、仲間エンパワメント、組織エンパワメントが相乗効果を生んでいます。

メタファーにはイメージを共有し、共に創り上げる喜びを具体的に体感できる効果があります。たとえばエンパワメントという言葉、私たちは「湧活」という和訳（漢訳）をつくりました。それは、生きる活力がこんこんと泉のように湧き上がる、というメタファーから生まれたものです。力強く湧き上がる泉の虹色の輝きに、大自然が本来もつ底知れぬいのちのパワーを感じませんか。

(4) 持続可能な成果の希求

共創ウェルビーイングは、持続可能な成果を希求します。人びとはプロジェクトの進行や成果を踏まえながら未来に向けた展望を見据えることで、長期的なウェルビーイングの道筋を描きます。この視点は、個人やコミュニティが持続的な幸福を実感するための土台となります。

持続可能な成果とは右肩上がりの直線を意味しているのではありません。将来**ある時点で、き**

っと成果が見えるという期待でかまいません。点線でも蛇行線でもいいのです。ある時点に達するまでには山あり谷あり、苦労が山積したり、谷底に沈み先が見えなくなることも起こるに違いありません。それでも**成果を待ち望むことができる持続力**が求められます。一人ではない、共に歩む共創の力が、持続力のパワーアップを後押しします。

第7章で紹介する事例では、住民の思いを束ねて**夢を見える化**し、持続可能な成果の希求を実現しました。だれもがあったらいいな、そうなりたいな、と思う願いの実現に向けたメッセージは、多様性に富んだ人びとの心を力強くつかみ、一つにします。

この自治体は、一九九〇年に「健康長寿日本一！」の旗印を掲げました。当時はまだ高齢化も進んでおらず、未来の超高齢社会に対する人びとの意識も高くありませんでした。その中で将来を見据え、「だれもが元気で、生涯活き活き住み慣れた自宅で生活するまち」を目指すメッセージを発信したのです。そして二〇二五年で三五年となる現在、住民が共創した体操やイベントなどで持続可能な成果を希求し、健康長寿日本一に向けた共創ウェルビーイングのさらなる高みを目指しています（写真1－3）。

キラキラ輝く魅力的な旗を掲げることは、当事者主体の共創ウェルビーイングはもとより、人びとと共にプロジェクトを遂行するリーダーシップに必須です。

写真1-3　「健康長寿日本一！」への共創ウェルビーイング

(5) 柔軟性と適応性

共創ウェルビーイングは、柔軟性と適応性が大切です。変化する状況に対応し、新たな課題や機会に柔軟に適応することで、創造的なアプローチが可能となり、共創の成果を汎用性の高いものにすることにつながります。そして、常に学び続け、進化し続ける共創の楽しさが生まれます。

第5章で紹介するのは、三～五歳児が共に考え、歩行に困難のある友だちのリレー参加を柔軟性と適応性で楽しく実現した事例です。

柔軟性と適応性は、ものごとの本質に根差して取り組むことです。いわゆる「何でもありのいい加減さ」とはまったく違います。「**本質を踏まえた思考や手段の新たな角度からの共創**」にほかなりません。

子どもたちは、「歩行に困難のある友だちが一緒に楽しめる方法は何だろう」という本質を主軸に共創し

写真 1-4　みんなで楽しむ運動会への
共創ウェルビーイング

ました。リレーだからといって、必ずしも走る必要はないのではないか。走れないなら何らかの方法で移動を助ければいい。バトンを次の人に手渡すことがリレーの本質。歩行に困難のある友だちはバトンを渡すとき嬉しそうな顔をする。それじゃあみんなでその友だちを箱に乗せて運び、バトンだけ渡してもらおう。子どもたち同士で話し合い、全員で合意して、実行しました（写真1－4）。

子どもたちは大人の想像をはるかに超えた柔軟性と適応性を輝かせて育っていきます。私たちも常に遊び心の糊代を忘れずに、本質を押さえつつ多層的な視点をもって柔軟性と適応性を発揮したいものですね。

最新の認知科学や量子物理学、環境科学などは、人間の存在は自然と一体であり、「わたし」と感じている自己は認識の視点により変化する、多義的な側面をもつことを明らかにしています。つまり「わたし」と意識している主体は、自分、他者、環境の相対的な中での「あらわれ」に過ぎないともいえるのです。私たちが漠然と感じてきた大自然との一体感、古くからの東洋の教えである色即是空の仏教思想や道教思想にも近づいてきました。共創ウェルビーイングはまさに、「わたし」でも「あなた」でも「自然」でもある「わたしたち」が、共に創り上げるウェルビーイングと言い換えることができます。

2 共創ウェルビーイングの理論背景

どんな人にも、よりよく生きたいという願いがあります。「よりよく生きたい」とは多くの人にとって、今も未来もずっと苦痛がなく安心安全で、心が満たされている状態を指すのではないでしょうか。

共創ウェルビーイングの理論背景の一つとして、人びとの願いを欲求の視点から整理したマズローの欲求理論を紹介します（Maslow 1954）。

マズローは当初、人の欲求には五つの段階があり、下の段階の欲求が満たされて初めて上の段階の欲求が満たされるとしました。いちばん下のもっとも基本的な欲求は、食べる、寝るなどの生理的な欲求。ついで不安なく安心して生活したいという安全の欲求、人びとと共にありたいと

図 1-2　マズローの欲求 6 段階説

いう社会的な欲求、社会に認められたいという自我の承認欲求が続き、最上段は、自分の力を存分に発揮したいという自己実現の欲求です。

さらにマズローは晩年、六つ目の段階を加えました。個人の利益を超えて人びとや社会のために貢献したいという願いを六段目に置いたのです。この段階は、現在「**自己超越欲求**」「**利他的な欲求**」「**コミュニティ発展欲求**」などといわれます（図1－2）。

そして必ずしも下の段階の欲求が満たされなくても、上の欲求を満たそうとする場合もあることが知られています。貧しく衣食住がままならずとも他者を救う運動に力を尽くす人びとは、生理的欲求が十分に満たされない状況でも、利他的な欲求を追い続けている好例です。

自分の存在の意義は、自分だけが満足する閉じた世界では得られません。だれかのために存在することで、確固とした自分の存在の意味が見出せるのです。

人間にはそもそも、誰かのため、何かのためにありたいという共生の欲求があります。「誰かを思いやる自発的な意思をもって共に存在すること」「共感と思いやりによる自己実現」、すなわち「**誰かと共に幸せになろうと願う欲求**」です。共創ウェルビーイングはまさに自己超越欲求、共生の欲求に根差しています。

3　共創ウェルビーイングとエンパワメント科学

共創ウェルビーイングの実現には、エンパワメントの考え方が役に立ちます（Anme／安梅 2004-2020）。エンパワメントとは前出の通り、人びとに夢や希望を与え、勇気づけ、人が本来もっている生きる力を湧き上がらせることです。人びとやコミュニティが自分でみずからの方向を決定し、自律的に行動する力を養い、持続可能な幸福と繁栄を築くことを目指します。

共創ウェルビーイングの基盤となるケアの本質は、心を寄せる対象の本来の力を発揮させることと、エンパワメントであるとメイヤロフ（1987）は述べています。

エンパワメントには**セルフ（自分）エンパワメント**（Self Empowerment）、**ピア（仲間）エンパワメント**（Peer Empowerment）、**コミュニティ（組織／地域）エンパワメント**（Community Empowerment）の三つの種類があります。これらを組み合わせて使用することで、格段に大き

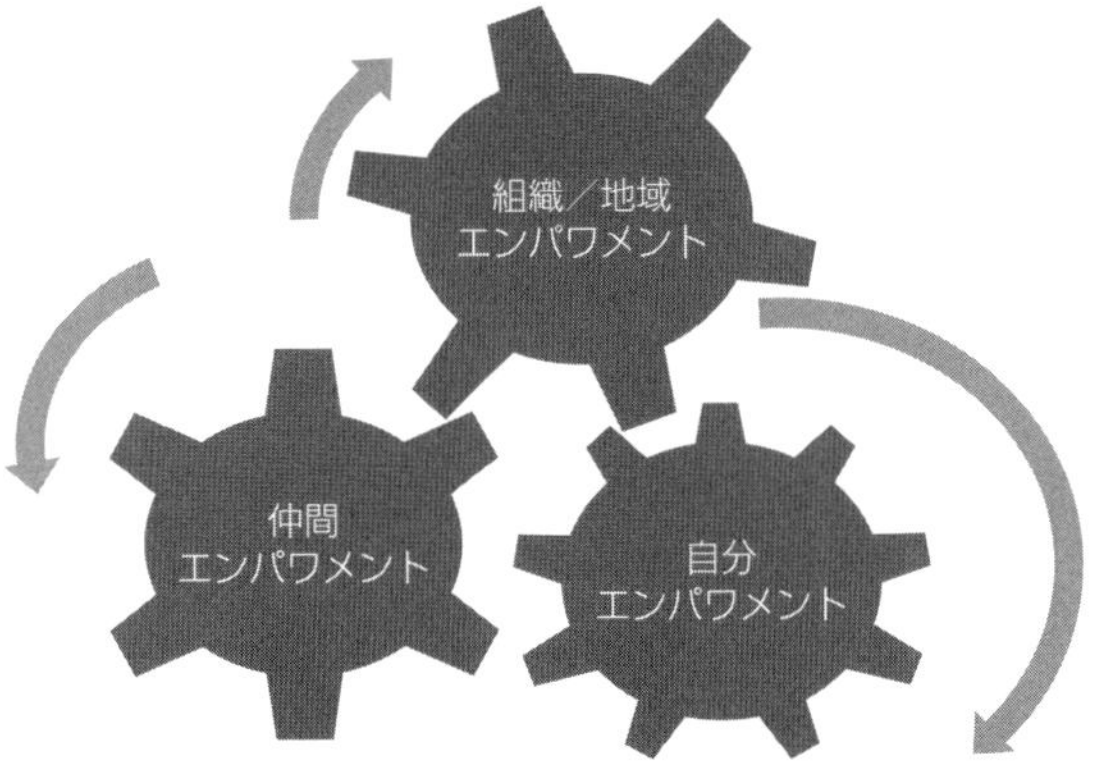

図 1-3　エンパワメント相乗モデル

な効果を発揮することをエンパワメント相乗モデル（安梅 2014）といいます（図1－3）。共創ウェルビーイングに向け、エンパワメント相乗モデルを活用することが有効です。

このうち、組織エンパワメントは、さらに三つのレベルに分けられます。いわゆる狭義の組織を対象とする**組織エンパワメント**（Community Empowerment）、市場や地域などの**社会エンパワメント**（Social Empowerment）、そして制度や仕組みを対象とする**システムエンパワメント**（System Empowerment）の三つです。自分エンパワメント、仲間エンパワメントを加えると五つの要素となり、これらのダイナミックな関係性を**エンパワメント力動モデル**（Empowerment Dynamic Model）といいます（図1－4）。

エンパワメント力動モデルは、五つのレベルのエンパワメントが、互いに強め合ったり弱め合ったり、複

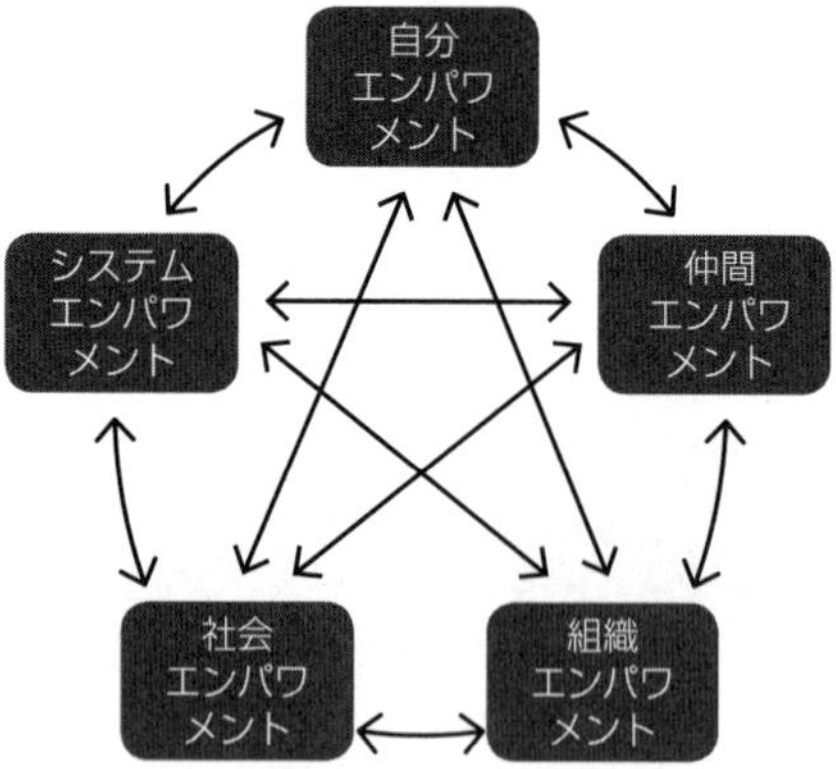

図1-4　エンパワメント力動モデル

雑な関係性を示すモデルです。「相生」「相剋」などの性質をあらわす易経の五行と類似しています。相生とは隣り合う要素が互いに助け合う、強め合う関係にあること、相剋とは一つ隔てた隣の要素とはけん制し合う、反発し合う関係にあることです。

自分／仲間／組織／社会／システムエンパワメントは、互いに影響を及ぼす一連のつながった円環です。したがって、五つの要素それぞれが助け合い強め合う、相生の関係にあります。しかし、けん制したり反発したりする相剋の関係もありえます。

たとえば、以下のような関係があります。

①個人が強すぎると組織を弱める：個人主義が重んじられる組織では、集団としての意思決定が難しいことがある。

②一部の組織が強すぎると、規範としてのシステムを弱める：強い組織や部門が主張を貫くと、全体のシ

ステムの論理を歪めることがある。
③システムが強すぎると規則で縛り仲間を弱める：全体主義的な統制などは、異分子集団を排除することがある。
④仲間が強すぎると派閥をつくり社会を弱める：自己利益追求の仲間集団は、社会全体のウェルビーイングに対し無関心を装うことがある。
⑤社会が強すぎると、個人を弱める：社会規範を強要して、個人の自由を束縛することがある。
このモデルを適用すると、包括的にものごとの本質を見きわめたり、状況の変化を柔軟にとらえたりすることができます。

たとえば、共創ウェルビーイングにおいて、個人のウェルビーイングに加え、個人を取り巻く家族、仲間、組織、地域社会、そして制度や仕組み、文化や歴史にも注目した複合的な関係性、個人の成長発達や加齢にともなう他の関連要因の変化をシステムとして設計することができます（安梅 2020）。

また、インターネットを利用したソーシャル・ネットワーキング・サービス（ＳＮＳ）の進展から、仲間や社会組織を介した働きかけの手法が注目されています。エンパワメント力動モデルを用いることで、さらに有効な共創ウェルビーイングの戦略を構築できる可能性があります。

以下に、エンパワメントを推進する主な要素と実践的な手法を紹介します。

①ビジョン設定：当事者を含め関係するメンバーと協力して、ビジョンを設定します。ビジョンとは、目指す方向性、こうなってほしいという姿です。すべてのメンバーが参加しやすく、異なる視点や経験が尊重されるプロセスが重要です。こうしたビジョンを設定し共有する過程を通じて、共感が生まれ、共創的なビジョンとなります。たとえばワークショップ、フォーラムなどを通じてアイデアを共有し、優先事項を決定します。

②エンゲージメントと参加の促進：メンバーの積極的なエンゲージメントを促進するために、すべてのメンバーの思いが尊重され、異なる特性、価値観、アプローチをもつメンバーが参加しやすい環境を提供します。メンバーが主体的に意見を述べ、共創プロセスに積極的に関与できるような仕組みが重要です。たとえば定期的なワークショップ、コミュニティイベント、オンラインプラットフォームといったみんなが楽しむ企画など、多様な手法を組み合わせます。

③資源の共有と協力：組織や地域社会全体がもつ資源を最大限に活用し、メンバー同士の協力を通じて相互補完的な関係を築きます。組織や地域内の資源やスキルをマッピングし、共有する仕組みを構築します。協力関係を強化するために、地元の組織、企業、非営利団体と連携します。互いに学び、支え合うことで、持続可能な発展が促進されます。

④能力開発と教育：能力開発は個人やコミュニティの継続的なエンパワメントに不可欠です。組織や地域全体がもつ知識とスキルを共有し、成長することで、プロジェクトへの参加がより意

味深いものとなり、共創プロセスがより効果的に進みます（フレイレ 2011）。メンバーのスキルや知識を向上させるために、双方向研修、トレーニングセッション、オンライン学習プラットフォームなどを提供します。何よりも他者や環境に寄り添うケアマインドの醸成が重要です（第5章参照）。

［第1章担当：安梅勅江］

第2章 共創スキルをみがく

Rules for happiness: something to do, someone to love, something to hope for.（幸福になるためのルール：何かをすること、誰かを好きになること、何かに希望を抱くこと）

——Immanuel Kant（イマヌエル・カント）

1 共創スキルの育て方

共創スキルは、共創ウェルビーイングを実現するための技術です。他者と協力し、新たなアイデアや価値を生み出す力は、組織や個人の成長に寄与します。

Bandula（1977）は、集団の力を信じることがより大きな力を発揮することにつながるとし、コレクティブ・エフィカシー（collective efficacy）と命名しています。これは社会的認知理論に基づき、グループやコミュニティのメンバーが共同して課題に取り組む際に、グループ全体がもつ成功への信念や効力感を指します。一人ひとりが自立的で協力する共創スキルの基礎となるものです。

具体的には、以下の特徴がコレクティブ・エフィカシーに関連しています（Hattie 2021）。

(1) グループの信念

メンバーはグループ全体として、共通の目標を達成する自信をもっています。この信念は、一人ひとりのメンバーが集団の一部として積極的に貢献し、共同で目標を達成できるという確信に基づいています。

(2) 連帯感と協力

コレクティブ・エフィカシーが高まると、グループのメンバーはお互いに連帯感を抱き、協力しやすくなります。メンバーがグループの成功に対して責任を感じ、お互いに支え合うことで、困難な状況にも立ち向かいやすくなります。

(3) 挑戦に対する積極的な態度

コレクティブ・エフィカシーが高いグループは、新しいアイデアや挑戦的なプロジェクトに対しても積極的な態度をもちやすいです。失敗や困難にも立ち向かい、学習と成長を促進します。

(4) リーダーシップ

グループのリーダーは、コレクティブ・エフィカシーの醸成に向け重要な役割を果たします。リーダーがグループの目標に対する信頼を示し、メンバーを奮起させることで、コレクティブ・エフィカシーが向上します。

コレクティブ・エフィカシーは、教育、組織、コミュニティなどさまざまな場面で研究されており、グループの成功や効果的な協力において重要な要因とされています（安梅 2021）。共創スキルはコレクティブ・エフィカシーを具体的に実践する際のスキルです。

以下に共創スキルを育てるためのアプローチを紹介します。

(1) オープンなコミュニケーションの重要性

共創の第一歩は、オープンかつ効果的なコミュニケーションです。アイデアや意見を自由に言い合える環境を整え、異なるバックグラウンドや経験をもつ人々との対話を奨励します。ファシリテーターは積極的にフィードバックを受け入れ、適切な形でフィードバックを与えることが求められます。

⑵ 多様性の尊重と活用

共創においては、異なる視点からのアプローチが豊かさを生みます。チーム内や組織内で多様性を尊重し、活用することが重要です。異なるバックグラウンド、知識、文化的な違いを認識し、それをポジティブな要素として活かすことで、創造的で豊かなアイデアが生まれやすくなります。

⑶ 柔軟性と適応力の養成

予測が難しい状況に適応する柔軟性は、共創スキルの大切な要素です。新しいアイデアや提案に対してオープンであり、変化を恐れずに前向きな姿勢をもつことが必要です。組織全体で変化を受け入れ、促進する文化を育むことで、柔軟性が促進されます。

(4) 共有と協力の文化の確立

共創は単独で行うものではなく、共有と協力が欠かせません。チーム内や組織で情報や知識をオープンに共有し、メンバー同士がお互いに助け合う雰囲気や文化を確立することが大切です。プロジェクトの進捗やアイデアの発展において、協力を促す環境が共創スキルの向上に寄与します。

(5) デザイン思考の導入

共創の促進には、デザイン思考の手法を取り入れることが効果的です。デザイン思考とは、当事者の視点から本質的な課題を抽出し、解決を目指す手法です。ヒューマン・センタード・アプローチともいわれ、当事者の感情や意見を大事にする手法です。当事者中心のアプローチや問題解決のためのクリエイティブな手法を組織やチームに導入し、メンバーが問題を共有し解決策を共同で導き出すプロセスを経験します。

(6) 失敗を許容する文化の構築

共創の過程で失敗は避けられないものですが、それを恐れずに受け入れ、学びとして捉えることが重要です。失敗から得られる教訓を共有し、次に活かす文化を構築することで、メンバーは積極的に新しいアイデアを試す意欲をもちやすくなります。

これらのアプローチを組み合わせ、組織全体で共創スキルを育むことが、持続的なイノベーションや成果の向上につながります。共創はスキルにとどまらず、**組織文化やコミュニティのカラー**として根づいて初めて本来の力を発揮します。

2 共創スキルみがきのコツ

共創スキルをみがくためには、一人ひとりの努力に加え、人びとがスキルを発揮しやすい環境づくりが求められます。以下は共創スキルをみがくコツです。

(1) 自己効力感（セルフ・エフィカシー（self-efficacy））の醸成

共創スキルの発揮には、一人ひとりの自律性が確立していること、自分に自信がもてることが大前提です。自分に誇りをもてない状態では、他者との違いを楽しむことも、集団の力を信じることも難しくなります（安梅 2012）。

(2) ケアマインドの育成

他者や環境に心を寄せるケアマインドは、共創するうえで基盤となるものです。自分以外の物事に視点を向けることは、その他者の視点を自分に取り込み、新たな視点を獲得することにつながります。新たな視点の獲得により、さらに新たな発想、かかわりの発展、共創が実現します。

(3) 共通の目標への共感

チームワークが成功するためには、メンバー全員が共通の目標に共感し、それに向けて努力する姿勢が必要です。共創ウェルビーイングでは、個人の幸福に加え、地域や社会全体のウェルビーイングを向上させることが共通の目標となります。メンバーが共感し合い、その目標に向けて協力することで、集団の力が最大化されます。

(4) 異なるバックグラウンドからの視点

チームワークが本来的な力を発揮するのは、異なる特性、価値観、アプローチをもつメンバーが集まる場合です。異なる人びとが協力することで、問題に対する多様な視点やアプローチが生まれます。これによって、より深い理解と創造的な解決策が可能となります。

(5) 相互学習の促進

チームワークの中で相互学習が促進されることが、共創スキルの特徴です。メンバーはお互いの知恵や経験を共有し、新たなスキルや洞察を得ることで、個々の成長が促進されます。相互学習は、共同で築かれる幸せな未来への土台を築く一翼を担います。

(6) コミュニケーションと信頼の構築

チームワークが機能するためには、効果的なコミュニケーションと信頼の構築が不可欠です。メンバーがオープンに意見を交換し、異なる意見や背景を尊重することで、チーム全体の力が最大限に引き出されます。信頼が築かれることで、失敗や課題にも建設的な対応が可能となります。

(7) チームの協力による成果

最終的な成果は、チームワークの賜物です。協力して新たなアイデアを生み出し、相互学習を通じて成長したメンバーが、共同で築いた結果が共創ウェルビーイングの成果です。個々の力が結集され、共同の目標に向かって進む中で、持続可能で幸せな未来への道が開かれます。

［第2章担当：安梅勅江］

第3章

共創コミュニティをつくる

Happiness seems made to be shared.（幸せは分かち合うためにある）

——Pierre Corneille（ピエール・コルネイユ）

1　共創コミュニティの育て方

共創コミュニティを育てるためには、コミュニティ・エンパワメントの考え方が役立ちます（安梅 2005）。以下に、共創コミュニティを築くためのアプローチを紹介します。

(1) 共通の目標とビジョンの確立

共創コミュニティを形成する際には、参加者が共通の目標やビジョンを共有することが不可欠です。これにより、コミュニティ全体が同じ方向を向き、協力して目標達成へと進むことが可能となります。ビジョンは明確で魅力的なものであるほど、メンバーのモチベーションは高まります。

(2) オープンで協力的な文化の構築

共創はオープンで協力的な文化があって初めて発展します。メンバー同士がお互いのアイデアやスキルを尊重し、積極的な協力関係を築くことが重要です。相互に学び合い、成長する環境を整えます。

(3) 多様性と包括性の尊重

共創コミュニティには多様性が欠かせません。異なるバックグラウンド、専門知識、文化的な違いを尊重し、包括的な環境を提供することで、さまざまな視点からのアイデアが生まれやすくなります。多様性を活かすことで、よりクリエイティブで革新的な成果が期待できます。

(4) コミュニケーションの促進とツールの活用

コミュニケーションは共創コミュニティの核心です。効果的なコミュニケーションを促進するために、定期的なミーティングやオンラインプラットフォームを活用し、メンバーが意見交換や情報共有を行いやすい環境を整えます。オンラインやSNSツールなどの適切な利用により、地理的な制約を超えてメンバー同士がつながりやすくなります。

また絵本や動画、かるたやゲームなどの活用は、多世代や異文化の人びとが楽しみながらコミュニケーションを促進する有効なツールです。巻末のエンパワメント教育研究フォーラムのフリー素材などをぜひご活用ください。

(5) 教育とスキルの共有プログラムの提供

共創コミュニティはメンバーが成長し続けるための場でもあります。定期的なワークショップやトレーニングプログラムを通じて、新しいスキルや知識の共有を促進します。メンバーがもつ専門知識や経験を活かし、互いに学び合う仕組みを構築します。

(6) プロジェクトの透明性と進捗管理

共創コミュニティが成果を上げるためには、プロジェクトの透明性と進捗管理が欠かせません。メンバーに対してプロジェクトの進捗状況や目標の達成度を適切に共有し、全体の方針や成果に対するフィードバックを得ることで、コミュニティ全体がより効果的に運営されます。

(7) フィードバック文化の確立

メンバー同士が率直なフィードバックを行い、受け入れる文化を確立することが重要です。建設的なフィードバックは成長につながりますし、課題や問題があれば迅速に対処できるようになります。

2　共創コミュニティづくりのコツ

共創コミュニティづくりのコツは、下記の七点です（安梅 2019）。

(1) 目的を明確に

まずは**当事者を巻き込む仕掛け**をつくることが最初の一歩です。ここでいう当事者とは、直接かかわる人に加え、その家族や仲間、活動に関連する人びとなど、当事者が活動のために接するすべての人を含みます。当事者のニーズに基づいて、当事者と共に**目的を明確に設定**します。そのニーズは当事者の価値観を反映しています。価値観とは、目指す状態を実現するプロセスにおいて、守る必要のある基準や方針などのことです。一人ひとりの価値観を束ねて、活動の基本的な考え方、理念、行動指針、方針などを共有していきます。

当事者のニーズと価値観に寄り添う目的をはっきりと掲げることで、人びとを巻き込む仕掛けとなり、参加意欲や一体感につながります。一時的なその場限りでの意見の出し合いや価値観の共有では、本質的な「やりがい」を得ることは難しい場合もあります。なぜなら人は、仲間や社会の人びととのつながりや共感を得ることで、自分の存在や仕事の「意味」と「喜び」をかかわりのプロセスの中から確認するからです。末長いお付き合いという時間軸の下に、一人ひとりの価値を大切にしながら、活動が目指す方向を人びとが時々言葉にも出して認識し合うことが有効です。

共有する価値のある知識、課題や新しいアイデア、将来の活動をお互いに理解し、人びとが影響を与えることができると感じられる「共感に基づく価値」が求められます。これらは参加している当事者による価値づけです。

また、スタッフ的な立場の人や外部の専門家など参加者以外の人びとが、さらに補う形で価値づけを行うのも効果的です。たとえばその取り組みがどれだけ社会的に価値があるか、どのようにすればもっと力を引き出すことができるかなどについて、さまざまな視点から意見をもらうことを仕掛けづくりに組み込みます。

(2) 関係性を楽しむ

関係性を楽しむとは、人びとや組織の関係性や、テーマへの取り組みのプロセス自体を楽しむという意味です。共創コミュニティのもっとも重要な原則は「**共に楽しむこと**」です。そもそもが「**共感に基づく自己実現**」に大きく依存するからです。

そのためには、自発的なかかわりが生まれ、関係性を楽しむような**開放的な雰囲気**、これと特定できなくても、何かしらみずからが得られるものを感じる**互恵性**、そして何よりも**信頼感**が必要です。

孔子の言葉に「これを知る者はこれを好む者にしかず、これを好む者はこれを楽しむ者にしかず」があります。何かを成し遂げるためには、楽しむことがもっとも効果的なのです。

(3) 共感のネットワーク化

共感のネットワーク化とは、**近親感と刺激感の両方の感覚をもちながら、つながっていると感じる**ことです。近親感とはリラックスした安心感、刺激感とはピリッとした緊張感です。共創コミュニティは、硬柔合わせもつこと、すなわち安心感と緊張感との両側面をもつことで、より活性化することが知られています。

人びとの個人的な関係が強く近親感の高い状態であれば、組織全体での活動は中身の濃いものとなります。日常的な、私的なやりとりの中から得られた信頼感を新しい活動に結びつけたり、逆に全体の活動から一対一の緊密な関係を育んだりします。一方、場面ごとに複数のグループに所属する機会があれば、刺激感が増大します。日常的な関係性から解き放たれた、他組織における新しい立場から刺激を得ることができます。

共感のネットワーク化を促進するためには、定例的な活動と刺激的な新しい活動を意図的に組み合わせることが効果的です。これまで出会った人びととは違う人との関係や、刺激的なテーマを拡大して人びとの関心を引きつけるなどの工夫をすることができます。

(4) 心地よさの演出

ヒトの脳は、それ自体がリズムをもち、リズムを心地よいと感じることが明らかにされています。実は自然界にあるものには、すべてにリズムがあることが示されています。植物や動物が成長するリズムから、宇宙が膨張するリズムまで、伸びる時期と留まる時期、繰り返す時期と変容する時期など、成長や発展の過程には共通してリズムがあります。個体の成長はもとより、人と人、人と組織、外部社会との関係など、組織や社会の成長も同様です。

そこで成長や発展を促すために、意図的にリズムをつくることが効果的な方法のひとつです。個人でも組織でも、リズムが成長を促します。たとえば困難に出会い一時的には雌伏していても、長い目で見るとそれが飛躍的な成長への契機になった、という出来事はよく耳にします。生涯発達科学では、脆弱性（vulnerability）があるからこそ、それを乗り越える強さや、他者を思いやる共感性を獲得できるとしています。

リズムは鼓動です。身体では心拍や脳波など、リズムが確実にエネルギーを全身に行き渡らせる波となります。同じように、当事者、人びと、組織をリズムにより活気づけることができます。

心地よさを演出するには、下記のような取り組みが有効です。

①多くの人びとに触れる刺激と、親密な人間関係を醸成する機会とのバランスをとる。
②新しいアイデアを生み出す討論会と、既存知識の普及を目指す研修会とのバランスをとる。
③多様な人びとの出入り、さまざまな活動の実施時期のリズムをつくる。
④交流や発展への鼓動などを、当事者間で共に感じる機会をつくる。
⑤時宜に合ったリズムを、意図的に生み出す。

共創コミュニティを推進するためには、「**変化**」と「**秩序化**」の二つに取り組む時期のリズムをつくります。「変化」は環境の移ろいを敏感に察知し適応すること、「秩序化」は生み出した適応の方法を秩序化して、より効果的、効率的、拡張的に広げていくことです。

「変化」の取り組みは、人びとや組織が前提として、ふだん意識せずに判断の拠り所としている価値基準を見直すことから始めます。それが望ましいものであるのか、それとも変更が必要なのかを判断し、必要があれば柔軟に修正します。人びとや組織の「前提」を明らかにし、これを見直すことが求められます。

「変化」の取り組みでは、これまでの考え方や方法を捨てることが求められます。しかし実際には、多くの人や組織は捨てることが下手で、今までうまくいっていた考え方や方法に固執してしまいます。変えなければならない方向を変えずに、今までうまくいっていた過去の考え方や方法をもっと効果的にやろうとします。

「変化」の取り組みのためには、変化すべきものと秩序化すべきものの見極めが重要です。秩序化するということは変化を止めることです。変化とは秩序化の反対、すなわち既成概念を壊すこと、破壊の対象です。

人びとや組織の考えや行動、意思決定の背景にある前提や枠組みを見直し、望ましいか否かを判断し、必要があれば修正するという「変化」の取り組み、共有の価値を普及させる「秩序化」の取り組み。共創コミュニティに生きた鼓動を与える「変化」と「秩序化」を、いかに美しいリ

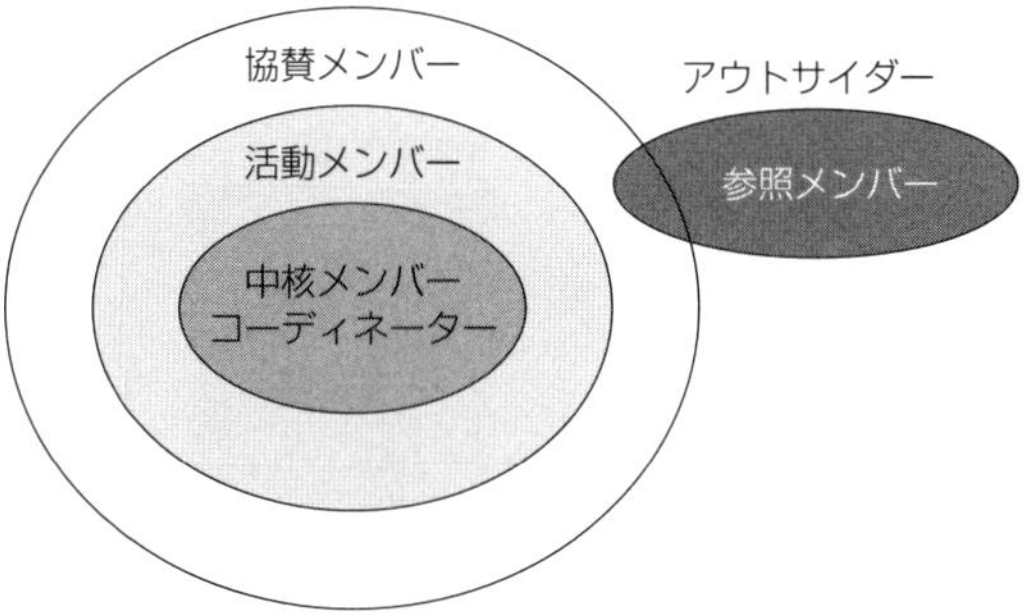

図 3-1　参加形態の種類

ズムで紡ぎ上げるかが腕の見せどころです。

(5) 柔軟な参加形態

人びとの参加の状態や役割は、時期により変化することを前提とし、柔軟な幅をもたせることが原則です。また、参加者、参加時期、参加形態は、その時の状況に応じてさまざまで良いと認めることが大切です。

たとえば、参加の形態には、下記のような種類があります（図3－1）。

①コーディネーター：企画や組織の調整的な役割を担う人
②中核メンバー：企画や運営に積極的にかかわる人
③活動メンバー：活動に日常的にかかわる人
④協賛メンバー：関心のある時に参加する人
⑤参照メンバー：必要に応じて専門的な情報や技術を提供する人

どのレベルのメンバーも、それぞれの役割を「いつでも」

果たすことができるという気持ちになれる、**柔軟性の高い、参加可能な活動**を組むよう配慮します。

共創コミュニティを成功させるには、参加を強制するのではなく、磁石のように自然に無理なく参加できる雰囲気づくりが有効です。また、どのメンバーも必要に応じて中核メンバーや活動メンバーとして活動できるよう、いつでも柔軟に変更可能な参加形態とすることが重要です。

⑹ つねに発展に向かう

人も組織も、ひとつの状態に留まっていられない存在です。未来に向かい、つねに発展を目指して動くことで活性化します。硬直化せずにさまざまなメンバーを柔軟に取り込む、環境に適応したダイナミックな活動を展開する、などです。

実際にはほとんど変わらないように見える、ごくわずかな変化でもかまいません。少しずつでもよりよくなるようにいつでも考えている、という雰囲気や姿勢を人びとが共有していることが大切です。

共創コミュニティの目指すところは、いわば「活き活きした人、人びと、組織」を育むことです。人びとや組織が本来備えている力を湧き出させることで、人びとや組織を変えていくことができます。

未来への活き活きした視点を維持するために、「つねに発展に向かう仕掛け」を備えることが重要です。

(7) 評価の視点

活動の意義を感じるためには、活動の意味づけ、すなわち評価の視点が必要となります。それは、活動にかかわる「価値」を明らかにすることです。活動にかかわることにどんな意味があるのか、その目標、活動結果、影響力、コストはどの程度なのか、それらを知ることで、満足感を得たり、将来への見通しを得たりできます。

共創コミュニティを推進するには、活動の価値をつねに**見える化**しておくことが大切です。必要に応じて活動の途中で評価し、状況を客観的に測定します。どの程度すばらしさがあるのか、あるいは今後すばらしさを発揮することができるのか、顕在力と潜在力を明らかにします。さらに、新しいやり方の提言、将来生じる可能性のある課題を予測します。

評価により価値を明示することで、人びとと組織が積極的に参加する動機づけができます。評価にあたっては、コミュニティの本質を見抜くことのできる、内部の者と外部の者の両者による評価が有効です。

評価の目的は、次の展開に活かすことにあります。「私は失敗したことがない。ただ、うまくいかない一万通りの方法を見つけただけだ」と語るエジソン同様、評価をさらなる発展への足掛かりとする姿勢が求められます。

［第3章担当：安梅勅江］

第4章 生きがい創成仕掛けづくり
――あそぶ、つくる、であうを究める「おもちゃ学芸員」による実践

1 共創スキルと共創コミュニティ

(1) 背景

ＷＨＯが発行した用語集"Health Promotion Glossary of Terms 2021"では、ウェルビーイングは「個人や社会が経験するポジティブな状態のことである。健康と同様、日常生活の資源であり、社会的、経済的、環境的条件によって決定される」（日本ＨＰＨネットワーク・日本ヘルスプロモーション学会訳）と定義されています。ウェルビーイングは、個人と社会、経済、環境等がつながり、相互に影響し合い変化します。一方で、世界が直面する戦争、経済格差、環境問題等の課題に、国際社会が協働して取り組む際の共通目標となる概念です。

個人が生活するフィールドは近しい他者と共有しており、フィールドのウェルビーイングは各

人のウェルビーイングが**つながる**ことで創成されます（共創ウェルビーイング）。ＣＯＶＩＤ－19パンデミック時、各個人がマスクを着用し人との接触をできる限り避け、感染経路を断った行動によりパンデミックが終息し、現在感染の脅威が遠のきつつあるのは、共創ウェルビーイングの一例といえます。

人生百年時代への突入に伴い、教育期間終了から余生を送るまでの期間が延長され、自分探しや大学院進学、さまざまな仕事に就く等、人生に多様な選択肢のある社会が到来します。人生選択の指針は個人の生きがいや健康、やりがい等、ウェルビーイングの充足により良い人生を送ることといえます。

ウェルビーイングの充足により感じる「生きがい」は、ボランティア活動等の社会活動への参加により促進されることが明らかになっています。しかし、生きがいの対象に「社会活動（ボランティアを含む）」を選ぶ人は、どの年齢層でも全体の一〇％に満たないという報告があります。さらに、過去一年間に社会活動に参加した六五歳以上の者は約五七％に留まっているとの報告や、約五〇％の中高年者が社会活動への参加意向を抱いているにもかかわらず実際の参加者は約二二％であったとの報告があり、社会活動への参加は住民にとってハードルが高いことがうかがえます。高齢期の社会活動への参加率は、壮年期の社会活動への参加率と関連するため、社会参加の重要性は高齢期に限ったことではありません。

写真 4-1　おもちゃ学芸員の活動（NPO 法人芸術と遊び創造協会ウェブサイトより）

本章で取り上げる生きがい創成仕掛けづくり事業は、「遊びの案内人」として、「あそぶ、つくる、であう」をコンセプトにおもちゃと人、人と人とをつなぐ架け橋のような存在としてのボランティアスタッフ（おもちゃ学芸員）が、赤ちゃんからお年寄りまでの多世代に、おもちゃを通してドキドキ・ワクワクを伝えていく活動です（写真4－1）。さらにボランティアスタッフには、手づくりおもちゃや伝承あそび、読み聞かせ等のサークル活動に参加することによる仲間づくりの機会、ボランティアスタッフ限定のさまざまなスキルアップ講座の機会等、生涯学習の場に参画する機会が設けられています。

(2) 事業概要

当事者およびすべての関係者と共創ウェルビーイングへの道筋を共有するために、生きがい創成仕掛

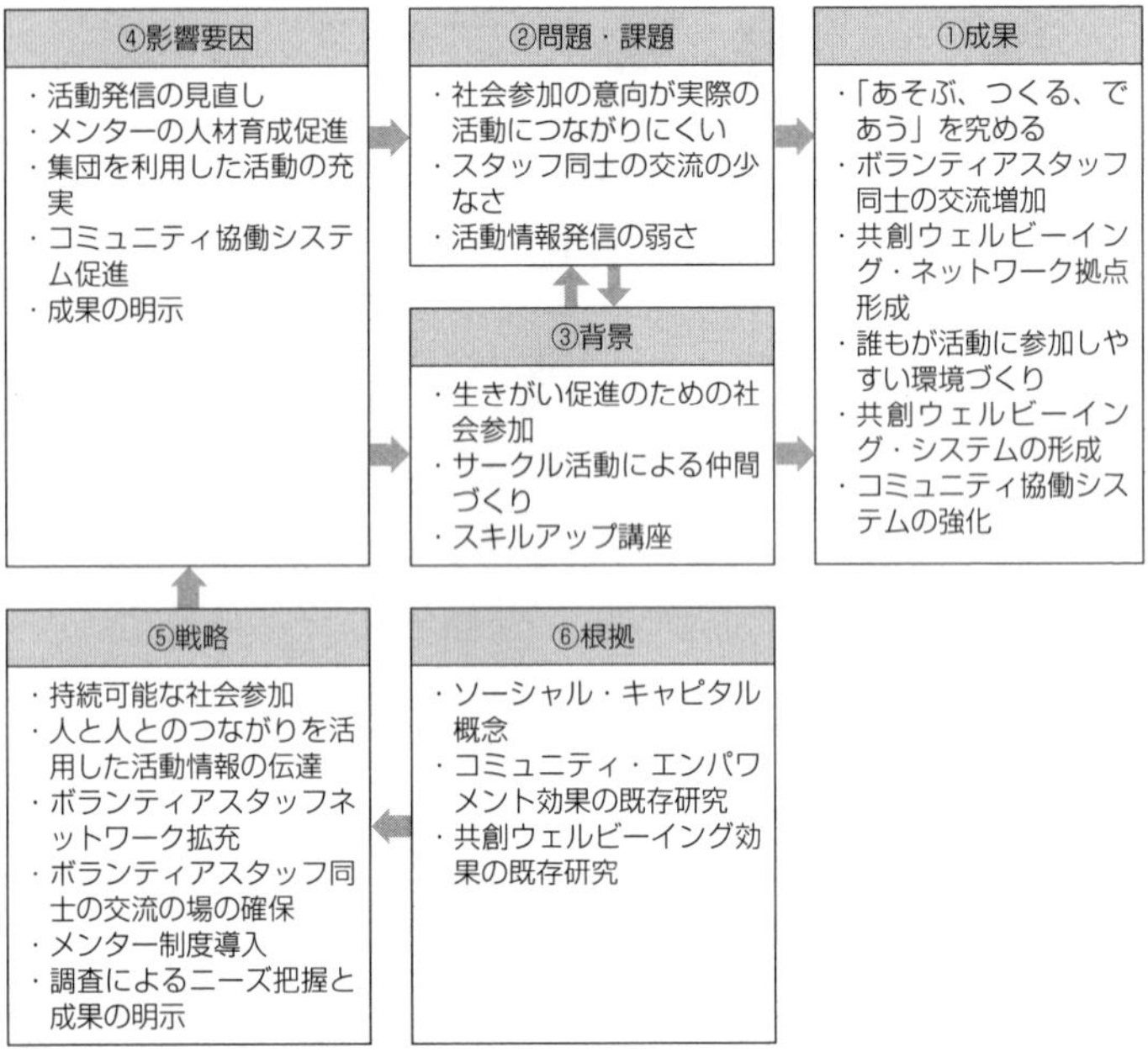

図 4-1　生きがい創成仕掛けづくりに向けたエンパワメント支援設計

けづくりの取り組みを、エンパワメント支援設計図（安梅 2004）を用いて整理しました（図４－１）。

①成果：本事業のアウトプット（生産物）として、「あそぶ、つくる、であう」を究める「ボランティアスタッフ同士の交流増加」「共創ウェルビーイング・ネットワーク拠点形成」、アウトカム（成果）として、「誰もが活動に参加しやすい環境づくり」、インパクト（影響）として、「共創ウェルビーイング・システムの形成」「コミュニティ協働システムの強化」を重点項目としました。

②問題・課題：社会活動への参加についての課題である「社会参加の意向が実際の活動につながりにくい」こと、本事業の主な課題となる「スタッフ同士の交流の少なさ」「活動情報発信の弱さ」としました。

③背景：先行研究で明らかになっている「生きがい促進のための社会参加」、本事業の特徴である「サークル活動による仲間づくり」「スキルアップ講座」をあげました。活動情報発信の弱さによる活動状況のわかりにくさ等が影響し、社会参加の意向が実際の活動につながりにくい状況がわかります。また、本事業において、仲間づくりを狙ったサークル活動や生涯学習に向けたスキルアップ講座は、活動情報発信の弱さやスタッフ同士の交流の少なさから活用の機会が限られています。

④影響要因：情報拡充を狙った「活動発信の見直し」、ボランティアスタッフ育成のための「メンターの人材育成促進」、仲間と共に気軽に参加できる「集団を利用した活動の充実」、コミュニティを巻き込んだ協働活動となる「コミュニティ協働システム促進」、参加や努力したことの科学的な根拠に基づく「成果の明示」としました。

⑤戦略：「持続可能な社会参加」「人と人とのつながりを活用した活動情報の伝達」「ボランティアスタッフネットワーク拡充」「ボランティアスタッフ同士の交流の場の確保」「メンター制度導入」、定期的な「調査によるニーズ把握と成果の明示」としました。

⑥根拠：「ソーシャル・キャピタル概念」「コミュニティ・エンパワメント効果の既存研究」「共創ウェルビーイング効果の既存研究」が本事業設計の根拠となります。

(3) 共創スキルとして生み出した技術、手順、考え方など

当事者の生きがい感創成につながる自己能力発揮が期待される活躍の場の存在は、他者との情報交換や相談相手等、当事者と他者との**ネットワーク**を築きます。ネットワークが広がることで当事者には社会貢献意欲の向上等、互酬性の**文化や社会的規範**が生じます。生きがい感創成活動の成果は、他者との**信頼関係**の中で生じる自己の行動や能力に対する評価や評判等のポジティブフィードバックとして提示されます。

(4) 共創コミュニティとして生み出した仕掛け、組織、文化など

生きがい感創成に重要な他者との「**ネットワーク**」、互酬性の社会的「**規範**」、「**信頼**」関係の三つの共創スキルから定義される概念がソーシャル・キャピタルです。ソーシャル・キャピタルは、人々の協調行動を活発にすることにより社会の効率性を高める社会的仕組みの特徴（Putnum 1993）を意味し、人々のつながりや助け合いが生み出す**住民（コミュニティ）力**とされます。

2　共創ウェルビーイング研究成果

本節では、戦略の中の「持続可能な社会参加」に焦点を当て、活動しているボランティアスタッフを対象に、生きがいを持ち続けながらあそぶ、つくる、であうを究める持続可能な社会参加の促進要因を抽出した研究結果（松本 2023）を示します。

(1)　生の声を生かす方法

調査対象者は、大型商業施設内にある開園から間もない多世代交流ミュージアムのボランティアスタッフ（おもちゃ学芸員）一一組三三名でした。対象者は二〇歳台から八〇歳台の男性一〇名、女性二三名でした。調査方法はグループインタビュー法を用いました。調査時間は三〇分でした。

調査場所は静かな個室とし、参加者の承諾を得てICレコーダーを設置し録音しました。調査内容は「ボランティア活動に参加したきっかけ及びやりがい」「やりがいを継続するためのニーズ」「より多くの者が活動に参加したくなるような仕掛けづくり」の三点でした。本調査は、インタビュー依頼時と実施前に調査目的と倫理的配慮について説明し、研究参加への同意を得て実

表 4-1　ボランティア活動に参加したきっかけ及びやりがい

ソーシャルキャピタルの下位概念分類	重要カテゴリー	サブカテゴリー	重要アイテム
ネットワーク	活躍の場の存在	居場所づくり	年齢が上がってくると社会とのつながりが希薄になって家にいても会話が少なくなるけど、ここにくると話をすることができる
			ここが私の居場所になったように感じます
			行く場所があることがとてもうれしいです
			「拠点」であり、今の私の生活の軸となっています
			私にとっていつでも行ける場所ができたと感じています
		自己役割の確保	施設から名刺をもらっていて、知り合いに見せて自分には役割があることを伝えることができ、とてもうれしいです
			自分の今まで培ってきた経験を生かすことができることがうれしい
	他者とのふれあい	他者との交流	全く違う世界の人たちと交流してみたいと思って参加しました
			ここでしか会わない人と思いを共有できるかかわりがいいなと思います
			共感ができて「自分がやっていることは大事なことだったのかな」と思える
			自分の得意分野を初心者や不得意な人に教えてあげる機会がある
		仲間づくり	ボランティアをしたいという共通の思いがある方々と友だちになれるかなと思い参加しました
			活動をしていると仲間ができることが良いと思います
			活動をしているといろんな方と出会い、つながりを感じます
			ボランティア活動に参加している人は価値観が似ている方が多く、一緒に活動しやすい
	活動への魅力	自己研鑽	自分なりに努力してやってみようと活動しています
			自分の学びになればと思って参加しています
			自分の視野を広めるために参加しました
			活動内容をもっと知りたいと思い参加しました
		興味や関心	自分の興味がある活動だったから参加しました
			自分の楽しいと思うことをやりたいと思い参加しました
			募集広告を見て「面白そう」と思って参加しました
			人とかかわることが好きなので参加しました

信頼	ポジティブフィードバック	来場者の前向きな変化	連鎖反応があって、来場者に楽しんでもらえると自分も元気になる
			施設に来られる方からいただくものの方が多い
			人の喜びが自分の喜びにつながっていく
			来場者とのふれあいが楽しい
		活動への楽しみ	自分が楽しんでいます
			年齢や性別に関係なく、ここに来た人たちはみんな笑っちゃう
			「仕事をする」という感覚ではなく、ここに「遊びに来る」
			人のためにではなく自分が楽しいのでやっている
		気分転換	ボランティア活動に集中することで日頃のストレスや嫌なこととか一切考えることがない
			癒される
			気分転換になっている
規範	社会貢献への意欲	社会貢献への意欲	この町に何か貢献できる、お役に立てることがあったらいいなと思っています
			何か社会貢献できることをやってみたい
			地域の中で自分が何かできることがあったらと思い参加しました

施しました。

分析方法は要約的内容分析法を用い、ICレコーダーに録音された記録から正確な逐語録を作成しました。観察記録による参加者の反応を加味し、複数の分析者で確認しながらテーマに照合し重要アイテムを抽出しました。重要アイテムの類型化、および抽出したサブカテゴリー、重要カテゴリーについては、グループインタビューに精通した専門家のスーパーバイズを受け、重要アイテムの意味することと、類型化およびカテゴリーの抽出にずれがないことを確認しました。

(2) 参加者の声

要約的内容分析の結果、ボランティア活動に参加したきっかけ及びやりがいから［活躍

表 4-2　やりがいを継続するためのニーズ

重要カテゴリー	サブカテゴリー	重要アイテム
仲間との共創	仲間との協働	学び合ったり、協力し合えるといいな
		活動に対する達成感を一緒に喜びあえるといいと思います
	親密な仲間の存在	サークル等、そういう場があるといい
		グループをつくっていきたい
		幼児教育や学校教育に係った人に「ちょっと聞きたいな」と思ったことはあります
		私は何をすればよいのか悩むことがあるので、相談したい
		意見を出し合う機会があるとよい
		横のつながりがあるといい
		お互いを認めあえることができると声をかけたり、寄り添ったりできる
		「こういう時はどんなふうにされているのかかな」というのを普通に言えて「みんなそうだったんだな」と思える場が必要
得意分野を生かす機会	得意分野を生かす機会	どういうところで自分が生かせるか、やってみないとわからないので、やってみる機会を増やしてほしい
		自分の得意分野とフィットする活動がしたい

の場の存在］［他者とのふれあい］［活動への魅力］［ポジティブフィードバック］［社会貢献への意欲］の五つの重要カテゴリー（表4－1）、やりがいを継続するためのニーズから［仲間との共創］［得意分野を生かす機会］の二つの重要カテゴリー（表4－2）、より多くの者が活動に参加したくなる仕掛けから［活動内容の見える化］［他者とのつながり］［自己実現のための目標設定］の三つの重要カテゴリー（表4－3）を得ました。以下、重要カテゴリーは［ ］、サブカテゴリーは《 》、重要アイテムは〈 〉を用いて記述します。

ボランティア活動に参加したきっかけ及びやりがいでは、活動における《他者との交流》《仲間づくり》といった［他者との

表 4-3　より多くの者が活動に参加したくなる仕掛け

重要カテゴリー	サブカテゴリー	重要アイテム
活動内容の見える化	魅力の発信	一歩踏み出せない人には「私たちはこんなに楽しいよ」というアピールは有効だと思う
		私は機会あるごとに「ボランティアして楽しいよ」と伝えまくる
	活動 PR 方法の工夫	「気軽に参加できますよ。保育のことを知らなくてもいっしょに遊んであげることが活動になるんですよ」とアピールすると、もっと参加しやすいと思います
		活動参加への取り掛かりをもう少しわかりやすくしてあげると「ボランティアをしようかな」という人にもいいかな
他者とのつながり	仲間の存在	友だちができると楽しくやっていけるんじゃないかと思います
		養成講座を受けた同期と仲間になる
	他者とのふれあい	振り返ってみると人間関係、人と触れ合うことがやってみようかなと思ったきっかけです
		養成講座の時に、先輩があちこちで動いてみて、その中でコミュニケーションをとりながらやっていくとかやれればいいなと思います
	活動への承認	自分が「やりたい」と出して、それを認め合う。人って、子どもでも大人でも「認めてほしい」と思う
自己実現のための目標設定	目標の見極め	どういうことにやりがいを感じるか、考えてもらうことが必要ではないかと思います
		自身には何ができるのかをわかっていない場合もあると思う
		できなくても「好きだ」「上手になりたい」というのはある
		目的はみんな違うし「みなさん（自分なりの）目的があって活動している」と言うとハードルが低くなると感じました
		認知症予防になるし、小さい子どもに触れることはいいことだと思って、それで申し込んできました
		自分の楽しいことをやりたい
	目標設定をサポートする存在	「私はこれがやりたいことだ」と気づくことが大事なので、それを気づかせる取り組みがいるのではないか
		その人たちが本当に「何をやりたいのか」というニーズを拾って、それを応用するコーディネーターが、各地域にいれば、出て来られるのではないか

ふれあい」が示すように、活動へのやりがいに人と人とのつながりを抽出しました。また、〈人の喜びが自分の喜び〉〈ここに来た人たちはみんな笑っちゃう〉〈活動に集中する〉が示すように、人と人とのつながりが深まることや他者との感情の共感や団結により信頼が生まれ、各ボランティアスタッフの活動に対する励ましや勇気づけ等の［ポジティブフィードバック」が生じていると推察できます。さらに、ボランティアスタッフが感じる《活動への楽しみ》を生み出す人間関係等の社会的ネットワークが充たされていることが、生きがい感を保持する要因であると考えられます。

ボランティアスタッフがやりがいを継続するためのニーズである［仲間との共創」の「仲間」は、ボランティア活動に参加したきっかけ及びやりがいで抽出された《仲間づくり》の「仲間」よりも、《仲間との協働》《親密な仲間の存在》が示すように〈学び合ったり、協力し合える〉仲間、〈相談〉できる仲間、〈意見を出し合う〉仲間を意味し、ボランティアスタッフは、本音や本心を躊躇なく言い合える仲間との共創を持続可能な社会参加へのニーズとしていました。

さらに、［得意分野を生かす機会」は〈どういうところで自分が生かせるか、やってみないとわからない〉のように、ボランティアスタッフ自身の適材適所を期待するニーズであることがわかります。適材適所の役割を担うことは、生きがい感を保持・増大させるとの研究報告があり、このニーズからボランティアスタッフの持続可能な社会参加への意気込みや動機づけが推察されます。

ボランティアスタッフのやりがいを継続するためのニーズには、自分自身、仲間、そして、組織をエンパワメントする内容が含まれていると考えられます。エンパワメントには、セルフ・エンパワメント（自分エンパワメント）、ピア・エンパワメント（仲間エンパワメント）、コミュニティ・エンパワメント（組織／地域エンパワメント）の三種があり、これらを組み合わせて使うことで相乗的な効果が得られます（安梅・芳香会社会福祉研究所 2014）。また、エンパワメントは、人と人とのつながりの力を強化し、さらにそれを楽しむ環境づくりがまず何より基本（安梅 2005）であり、受容と信頼が大前提で、仲間として受け止めることにより、共感を生む素地をつくります（安梅 2004）。さらに、コミュニティ・エンパワメントの基盤は共に楽しむことであり、多世代交流型ミュージアムにおいても活動の中心となる人と人がつながりをつむぎ社会参加を促し、持続可能な活動として発展させていくことが期待されます。

より多くの者が活動に参加したくなる仕掛けでは、事業の中で活躍するボランティアスタッフが活動を通じて感じるものとして《魅力の発信》《活動PR方法の工夫》による［活動内容の見える化］、《仲間の存在》《他者とのふれあい》《活動への承認》といった［他者とのつながり］を抽出しました。このような後任者育成に向けた他者との相互作用は、Erikson が提唱する中高年期の発達課題である世代継承性（ジェネラティビティ）の重要項目です。ジェネラティビティは人材育成や多世代共創に欠かせない発達課題で、現在活躍するボランティアスタッフの語りとしての他者との相互関係の抽出は、活動の継続にとって重要な視点のひとつです。

一方、ボランティアスタッフ自身が活動に参加したきっかけを振り返りながら、新たな活動参加者の立場に立って導いた仕掛けに、〈どういうことにやりがいを感じるか〉等の《目標の見極め》、〈気づかせる取り組み〉や〈コーディネート〉のための《目標設定をサポートする存在》といった［自己実現のための目標設定］の必要性を抽出しました。

(3) 共創ウェルビーイングへの示唆
人と人とのつながり

本研究で調査した「ボランティア活動に参加したきっかけ及びやりがい」「やりがいを継続するためのニーズ」「より多くの者が活動に参加したくなる仕掛け」に共通して含まれるキーワードは「人と人とのつながり」です。研究結果で記述したように、やりがいを継続するためのニーズで抽出された《仲間との協働》《親密な仲間の存在》の仲間は、ボランティア活動に参加したきっかけ及びやりがいで抽出された《他者との交流》《仲間づくり》の仲間と比べ、より本音や本心を躊躇なく言い合える仲間（他者）を意味していました。一方、より多くの者が活動に参加したくなる仕掛けで抽出された《仲間の存在》《他者とのふれあい》《活動への承認》の人と人とのつながりは〈養成講座を受けた同期〉〈先輩〉〈認め合う〈他者〉〉のように、同じ志をもって活動に参加している者や、お互いの活動を認め合い尊重できる者とのつながりを意味していま す。

多世代交流ミュージアムのボランティアスタッフ（おもちゃ学芸員）にとって、人と人とのつながりは、交流や仲間づくりのような「顔見知り」としてのつながり、本音や本心を躊躇なく言い合える「仲間」としてのつながり、同じ目的をもち時に互いを尊重しながら活動を盛り上げていく「組織的ネットワーク」としてのつながり等、さまざまな人と人とのつながりを指していることがわかりました。さらに、開園から間もない多世代交流ミュージアムであるため、現在は「顔見知り」としてのつながりであっても、「仲間」としてのつながりや「組織的ネットワーク」を創造していこうとするボランティアスタッフのチームとしての結束力を感じます。

チームとチームビルディング

組織の成功や創造は、大部分がチームの有効性に依存するとされ、チームは組織が機能するために必要な中心的要素と考えられています。さらに、チームは共通の目標に向けて働く人々の集団であり、チームを形成する目的は個人が単独で作業する以上に、より大きな目標を達成することにあります。また、人々の集団がチームの目標達成に向け、互いの関係性を深める過程をチームビルディングといいます。チームビルディングでチームを成長させることで、個々人の能力を最大限に引き出し、共創力を高め、より良い成果を生みます。

Beckhardは、チームビルディングを主要目的別に①目標や優先順位の設定、②メンバーが役割と責任をもって作業を遂行するための分析と配分、③作業方法（手順、進め方、規範、意思決定）、④メンバー間の関係性の四つに大別し、チームビルディングのフレームワークを作成しました（Beckhard's Model）。このモデルには、「Goals（目標）」「Roles（役割）」「Processes（作業の進め方）」「Interpersonal/Relationships（関わりや関係性）」の四つの次元があり、チームビルディング形成に向け、「Goals（目標）」⇒「Roles（役割）」⇒「Processes（作業の進め方）」⇒「Interpersonal/Relationships（関わりや関係性）」の順に、チームで取り組む必要性を示唆しています。

チーム活動の根幹は「Goals（目標）」です。チームの目標やビジョンの数値や期間などの明確さ、メンバー間の情報共有の程度、メンバーの当事者意識等がこの次元での課題です。チーム目標が不明確、実現不可能、各メンバーが目指す目標に統一感がない、内発的動機づけになっていない場合は、メンバーのモチベーションが下がる等で、チーム共創が困難になります。チームづくりや共創において最初に必要となるのは、一人ではなくメンバーで話し合い、共に取り組む目標を明確化し、共有することです。

「Roles（役割）」では、チーム目標やビジョンを達成するためにチームのタスクや役割を決めます。実行すべき課題をあげ、チーム全員が共有し、各メンバーの役割を分担していきます。その際チームメンバーの得意なこと、苦手なことを把握し、適材適所の役割配置を行うことが重要です。その他、役割が不足しているときにどのように補うか、補充するための育成は可能か等を検討します。役割分担があいまいな場合は作業に責任感が伴わなくなる一方、役割分担が明確で緻密に練られている場合は分業化が進み、共創が生まれにくくなります。適度な役割や責任の明確化とチーム内の情報共有、メンバーが互いの役割を補い調整する柔軟性がチームづくりと共創に必要となります。

「Processes（作業の進め方）」では、チーム目標やビジョンを達成するための手順を決定します。作業手順の適切性、手順の明確化や共有化の程度、チームの意思決定、メンバーマネジメント力、等を議論します。手順が明確で、メンバー間で共有されているとチーム共創が高まります。リーダーによるトップダウン型スタイルである場合は、メンバーが意思決定に参加し共創的に合意することは困難になります。

「Interpersonal/Relationships（関わりや関係性）」は、チームメンバー間のコミュニケーションに関する次元です。コミュニケーションをとる機会、信頼関係が築けているか、解決を要する問題を指摘し合う話し合いができるか等を確認します。チームメンバーの発言を尊重し、否定しない等、相手を尊重した話し合いが大切です。

最後に、Beckhard's Modelを用いて、ボランティアスタッフのチーム共創力を分析します。

「Goals（目標）」では、本事例のボランティアスタッフは、おもちゃを使って〈（来場者と）遊ぶ〉ことを目標に養成講座を受講したおもちゃ学芸員で、目標は組織内理念としてメンバー間に共有されているため、本次元は達成していると判断します。

「Roles（役割）」では、おもちゃ学芸員はやりがいを継続するためのニーズに〈自分の得意分野とフィットする活動がしたい〉をあげ、適材適所の役割配置ではなく、ボランティアスタッフの活動へのモチベーションが高まっていない可能性が考えられ、さらなるチーム共創力向上のための課題とします。

「Processes（作業の進め方）」では、活動へのやりがいから〈自分の今まで培ってきた経験を生かすことができる〉〈自分が楽しいのでやっている〉等、トップダウン的な活動参加ではなく自発的な活動参加で、〈思いを共有できる〉〈自分の得意分野を初心者や不得意な人に教えてあげる機会がある〉のように共創的マネジメントスタイルがうかがえます。一方で、やりがいを継続するためのニーズに〈ちょっと聞きたい〉〈相談したい〉等があり、活動への不安や疑問を相談できる相手や機会を求めており、チームメンバーが足並みを揃えて目標に向かっていくために必要な課題であると考えられます。

「Interpersonal/Relationships（関わりや関係性）」では、開園から間もないこともあり、ネットワーク形成時期であることが推察されます。やりがいを継続するためのニーズでは、〈意見を出し合う機会〉〈横のつながり〉等、さらなるネットワーク拡大を望んでおり、チーム共創力の拡大とともに、施設内に限らず施設外のネットワーク拡大による地域のネットワーク拠点としての機能が期待されます。

3　共創ウェルビーイング実現のコツ

(1) ダイバーシティ&インクルージョン：自分ウェルビーイング

ダイバーシティは多様な人が個として存在している状態で、インクルージョンは多様な人が生かされ組織に貢献している状態です。ダイバーシティ&インクルージョンは、多様性を高める、理解することに加え、当事者の**能力を最大限に生かす**環境を整えることで、組織全体に影響を与える重要な構成要素として捉えることです。

本事例では、やりがいを継続するためのニーズである［得意分野を生かす機会］が該当し、個々の強みを生かす適材適所の環境を整えることで、自分自身の活動への意気込みや動機づけ、生きがい感の増大等の自分ウェルビーイングを獲得します。

(2) メンター制度導入：仲間ウェルビーイング

経験豊かな先輩ボランティアスタッフ（メンター）が**双方向**の対話を通じて、後輩ボランティアスタッフ（メンティー）の活動における課題解決や悩みの解消を援助し、個人の成長をサポートする役割です。メンターは活動の指示や命令を下し、評価を行う利害関係のある先輩ではなく、メンティーみずからがその解決に向けて意思決定し、行動できるように斜めから支援する先輩を指します。

本事例では、やりがいを継続するためのニーズである［仲間との共創］が該当し、世代が近いメンターとメンティーとの活動内に加え、活動外も含めた何気ない日常会話のようなコミュニケーションや交流は、心理的安定等の仲間ウェルビーイングを獲得します。

(3) ネットワーク拠点形成：組織／地域ウェルビーイング

ソーシャル・キャピタルを提唱したPutnumは、上司と部下の関係等の垂直的ネットワークがどんなに密でも社会的信頼や協力を維持することはできないが、近隣集団やスポーツクラブ等の**水平的ネットワーク**が密になるほど、人々は相互利益に向けて幅広く協力するとしています。

人々が集うネットワーク拠点形成は、交流や情報交換、孤立防止となる居場所、人材育成、自己能力の発揮や自己研鑽の場等の役割を担い、人と人に限らず、人とコミュニティとのつながりの場を形成し、積極的な内外ネットワークの活用は共創ウェルビーイングを生じます。

ソーシャル・キャピタルは、物的資本や人的資本と並ぶ比較的新しい概念であり、個人および集団がお互いのつながりから、何らかの資源や利益を得ることができるという考え方がもとになっており、共創ウェルビーイングにおける人と人とのつながりとの関連が推察されます。

本事例において、人と人とのつながりは、ボランティアスタッフの活動意欲を奮い立たせ、不安の解消や心理的安定を与え、持続可能な活動に欠かすことのできない要素であり、その過程が共創ウェルビーイングを生むと考えます。

共創ウェルビーイングに向け、人と人とがつながる**場**を築き上げ、**安心**して自由に活動し、**相互作用**のなかで新たな能力を生み出す絆をつむぐ組織としての発展が期待されます。

［第4章担当：松本宗賢・李响・重枝麻衣子］

第5章

誰もが主人公！ 多様性包摂の「障がい」児共同保育

1 共創スキルと共創コミュニティ

(1) 背景

家庭の形が変化し、地域社会のつながりが希薄になるなど、既存のコミュニティが崩壊している時代だといわれています。それでもなお私たちは誰もが、学校、職場、家族、友人、行きつけの飲食店など、さまざまなコミュニティに所属しながら生きているのは間違いありません。

一つひとつのコミュニティには、その中にさらに小さな単位でさまざまなコミュニティが内在しています。学校であれば、学年というコミュニティ単位の中に、クラスがあり、クラスの中にも友人関係のコミュニティがあります。学年だけでなく、部活動、生徒会、教師によるコミュニティなど、さまざまなコミュニティの集合体として、学校というコミュニティが成り立っています。

コミュニティは縦のつながりだけでなく、横にもつながって相互に干渉し合っています。家庭、学校、会社（職場）、地域社会（町会など）は、互いに影響し合う形で存在し、何一つとして独立しているコミュニティはありません。

子どもたちにとっても同様です。家族、友人、保育所、地域社会など、さまざまなコミュニティの中で子どもたちは育っていきます。

本章では、子どもたちのコミュニティの一つである認定こども園での共創ウェルビーイングを育む事例をご紹介します。

(2) 事業概要

社会福祉法人路交館は、前身である聖愛幼稚園が障がい児を受け入れたことを契機に一九七二年に設立されました。現在は障がい児にとどまらず、夜間に保育を必要としている子どもたちのための夜間も開いている認定こども園、子育て支援事業、障がい福祉サービスなどを幅広く展開しています。

障がいのある子どもも障がいのない子どもも、同じコミュニティの中で共に育ち合い、共に生きることを大切にした保育実践を行い、**「障がい」児共同保育**と名づけています。

五〇年余を経て、「障がい」児共同保育の概念は拡大し、単なる実践のあり方ではなく、さまざまな人びととのコミュニティにおいて、人びとがどうあるべきかを問う活動になっています。**誰もがそこにいていい、誰もが自分らしくいられる**コミュニティを目指す活動が、「障がい」児共同保育です。これはまさに共創ウェルビーイングの理念に通じます。

(3) 共創ウェルビーイング実践への取り組み

障がい児の受け入れと異年齢保育

私たちは障がい児を積極的に受け入れています。毎日の生活単位であるクラスは、年齢で区切って編成せず、三〜五歳児を混成し編成します(写真5-1、5-2、5-3)。障がい児を含めた多様な子どもたちが集団で共に生活することで、いろいろなトラブルが生じます。

保育者も、子どもたちも、自分の思い通りにならない集団の中で、悩み、葛藤し、そこから自分だけでなく他者にまなざしを向けること、他者の立場に立って考えること、「自分」ではなく「自分たち」のためにどう行動すべきかを学んでいきます。その過程において、保育士も子どもたちも、集団のことを考えると同時に、自分自身のあり方にも向き合うことになります。

「障がい」児共同保育は、障がいのある子どもたちのための保育ではありません。いうなれば障がい児の存在が教えてくれた、障がいのない子どもたち、保育者や保護者までも含めた、すべ

写真 5-1　5 歳児が 3 歳児の背中をとんとんして寝かしつけしている様子

写真 5-2　5 歳児が 3・4 歳児に折り紙を教えている様子

写真 5-3　同じようにできることを目指すのではなく、一人ひとりの違いを認める

ての人びとのあるべき姿を問い続けていく活動です。そこではみな、自分の弱さを認め、他者に助けを求め、お互いに力を貸し合うことの大切さに気づいていきます。

保育者は、障がい児がいることで、一人ひとりの子どもたちについて、もっとたくさん知らないといけない、私がもっと頑張らないといけないと思い込みがちです。しかし、保育者がどんなに頑張っても、子どもたちの集団はなかなかまとまってくれません。そして気づきます。障がい児のことを、保育者である私よりも、子どもたちの方がよく知っている。私がどれだけ頑張ってもなかなか言うことを聞いてくれない三歳児、四歳児が、五歳児の言うことであれば素直に従ってくれるのです。

保育者たちが頑張るのではなく、保育者が子どもたちと共に創り上げていくことで、クラスのまとまりが生まれていきます。

子どもたちが主体的に取り組むことを主眼とした行事設定

認定こども園での行事は、子どもたちに楽しんでもらうための企画、子どもたちの練習成果を保護者に見せる場という意味があります。しかし私たちはそれ以上に、子どもたちが主体的に参加し、創り上げていくこと、子どもたちによる共創を重視しています。

遠足であれば気分が乗らずに歩かなくなる子ども、運動会であれば障がいのために他の子どもたちと同じように走ることができない子ども、発表会では初めての体験にびっくりして泣き出す子どもが必ずいます。子どもたちは仲間である他の子どもたちに対して、お互いにどんな声をかけ合い、どのようにエンパワメントし合っているのでしょうか。誰一人排除することなく、全員でやり遂げていくにはどうすればいいのか。子どもたちは悩み、相談し合い、試行錯誤を繰り返しながら、一つひとつの行事を乗り越えていきます。

また行事を終えた時には、子どもたちが行事を振り返り、お互いに語り合う機会を必ず設けます。子どもたちで輪になって、一人ひとり順番に感想を述べ合います。新年度に新しいクラスが始まった当初は「自分はこんなに頑張った、こんなに楽しかった」という言葉が多いです。しかし、行事を重ねるにしたがって「○○ちゃんはこんなに頑張っていた、□□君が助けてくれた、△△ちゃんがこんなに楽しそうにしていた」という、他者にまなざしを向けた、ケアする言葉が増えていきます。

行事を経るごとに、子どもたち一人ひとりも、子どもたちの集団も成長していきます。まさに共に創り上げていくウェルビーイングそのものだといえるでしょう。

トラブルに子どもたち自身で向き合うことを促す保育

多様な子どもたちが共に生活し、目標に向かい取り組んでいく中で、子どもたちの間ではさまざまなトラブルが生じます。そんな時に保育者はどのような役割を果たすべきなのでしょうか？私たちは、保育者がトラブルを事前に回避したり、解決することよりも、子どもたち自身でトラブルに向き合い、自分たちで考え、解決に向けて行動していくことを促すことを大切にしています。

試行錯誤の中で、困り果てた子どもたちから「○○君がいるから上手くいかない」など、特定の子どものせいにする発言が出る場面があります。その際、保育者は「そんなこと言ってはいけないよ、○○君とも仲良くしないといけないよ」など、きれいごとで子どもを言いくるめることはしません。その時点の子どものありのままの気持ちを受け止め、「じゃあ、○○ちゃんを置いていけばいいいじゃない」「行事なんかやめたらいいんじゃない」など、その部分だけ切り取ると、共に生きる関係づくりと真逆に思われかねない声かけをすることがあります。自分の気持ちを我慢して問題を解決するのではなく、自分の気持ちを正直に吐き出し、そのうえで集団としてどう行動すべきか、子どもたちが自分自身で考えることを求めていきます。

集団としての活動の蓄積が前提ですが、保育者が不平不満も含めた子どもたちの本音に耳を傾け、「じゃあどうするの？」と子どもたちに課題を返すことで、子どもたちはその課題に、自分たちの問題として真剣に向き合います。子どもたちは、誰かに言われたからではなく、自分たちで「○○ちゃんも一緒にやりたい」と言い出すことを、保育者は知っています。

このような保育者の姿勢は、こども園としての組織運営にも色濃く反映されています。園長が職員に決定事項を伝えるのではなく、職員一人ひとりが組織の一員として主体的に運営に参画することを大切にした組織運営をしています。

子どもたち、保護者たち、専門職たち、地域のみなさんと共創ウェルビーイングへの道筋を共有するために、インクルーシブ保育教育の取り組みを、エンパワメント支援設計図および評価設計図（安梅 2004）を用いて整理してみました（図5－1、5－2）。

2 共創ウェルビーイング研究成果

インクルーシブ保育教育は、多様性の尊重にとどまらず、それぞれの子どもが持ち味を発揮し、お互いの良さを認め合いながら共生することを目指す活動です。

分け隔てなく共に認め合うインクルーシブ保育教育は、共感性などの非認知能力の発達や子どものウェルビーイングとの関連が既存研究で示されています。しかし日本では、科学的に根拠のあるインクルーシブ保育教育効果の報告は乏しい状況です。

私たちは、全国の保育園、幼稚園、こども園で〇～六歳児の親子を対象とした保育コホート研究を一九九八年より継続しています。この保育コホート研究の目的は、子どもに加え、家族や専

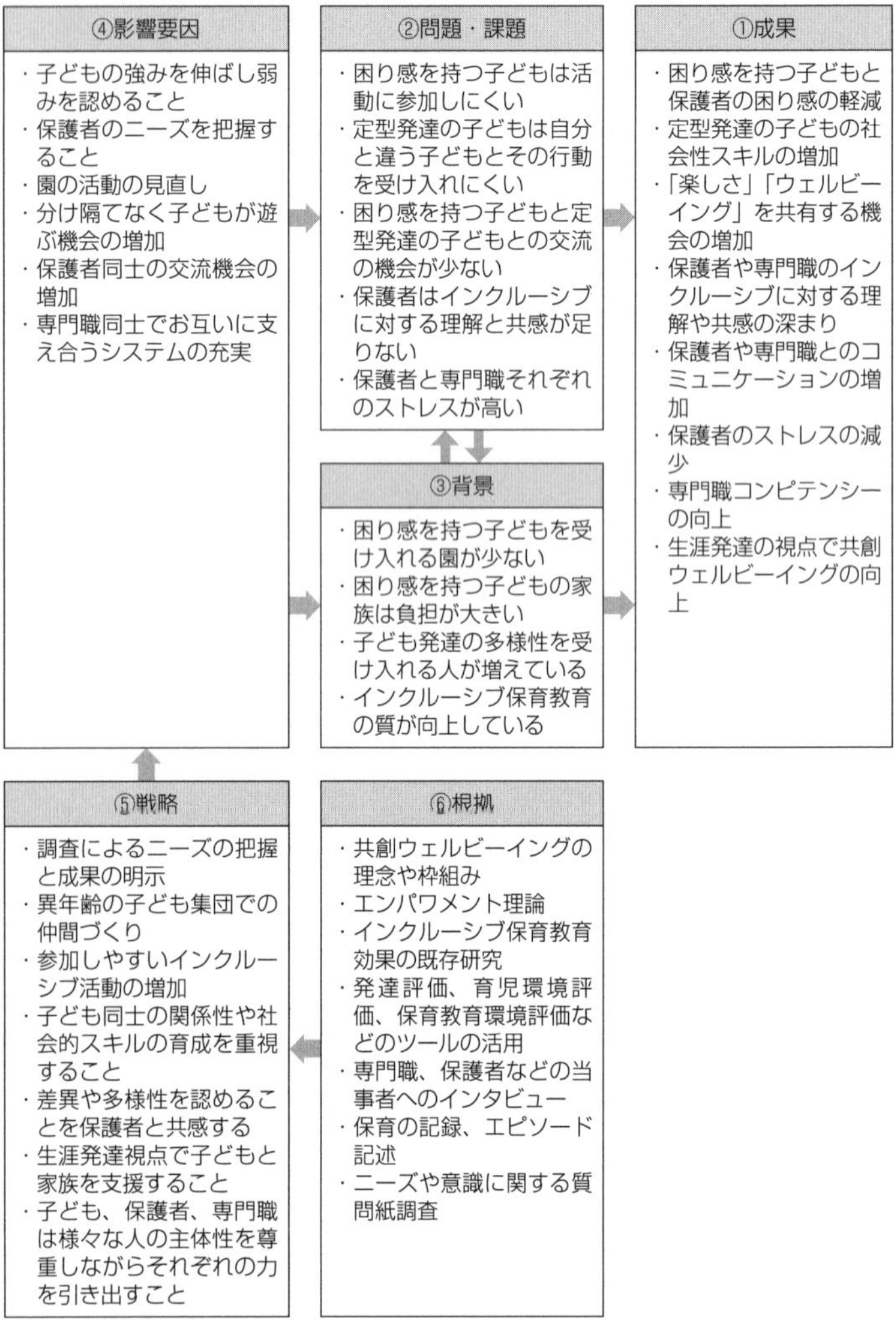
④影響要因
・子どもの強みを伸ばし弱みを認めること
・保護者のニーズを把握すること
・園の活動の見直し
・分け隔てなく子どもが遊ぶ機会の増加
・保護者同士の交流機会の増加
・専門職同士でお互いに支え合うシステムの充実
②問題・課題
・困り感を持つ子どもは活動に参加しにくい
・定型発達の子どもは自分と違う子どもとその行動を受け入れにくい
・困り感を持つ子どもと定型発達の子どもとの交流の機会が少ない
・保護者はインクルーシブに対する理解と共感が足りない
・保護者と専門職それぞれのストレスが高い
①成果
・困り感を持つ子どもと保護者の困り感の軽減
・定型発達の子どもの社会性スキルの増加
・「楽しさ」「ウェルビーイング」を共有する機会の増加
・保護者や専門職のインクルーシブに対する理解や共感の深まり
・保護者や専門職とのコミュニケーションの増加
・保護者のストレスの減少
・専門職コンピテンシーの向上
・生涯発達の視点で共創ウェルビーイングの向上
③背景
・困り感を持つ子どもを受け入れる園が少ない
・困り感を持つ子どもの家族は負担が大きい
・子ども発達の多様性を受け入れる人が増えている
・インクルーシブ保育教育の質が向上している
⑤戦略
・調査によるニーズの把握と成果の明示
・異年齢の子ども集団での仲間づくり
・参加しやすいインクルーシブ活動の増加
・子ども同士の関係性や社会的スキルの育成を重視すること
・差異や多様性を認めることを保護者と共感する
・生涯発達視点で子どもと家族を支援すること
・子ども、保護者、専門職は様々な人の主体性を尊重しながらそれぞれの力を引き出すこと
⑥根拠
・共創ウェルビーイングの理念や枠組み
・エンパワメント理論
・インクルーシブ保育教育効果の既存研究
・発達評価、育児環境評価、保育教育環境評価などのツールの活用
・専門職、保護者などの当事者へのインタビュー
・保育の記録、エピソード記述
・ニーズや意識に関する質問紙調査

図 5-1　共創ウェルビーイングに基づくインクルーシブ保育教育に向けた支援設計

背景	目標・戦略	過程・組織	成果		
			アウトプット	アウトカム	インパクト
・困り感を持つ子どもと定型発達の子どもとの交流の機会が少なく、困り感を持つ子どもは活動に参加しにくい	・異年齢の集団で仲間づくり	・多様性を尊重すること	・自分らしく成長すること	・子どもの社会性スキルの増加	・子どもの生涯発達の促進
・定型発達の子どもは自分と違う子どもとその行動を受け入れにくい	・子ども同士の関係性や社会的スキルの育成	・誰でも参加しやすいインクルーシブ活動の増加	・「楽しさ」を共有する機会の増加	・信頼できる仲間づくり	・子どものウェルビーイングの向上
・インクルーシブ保育教育に対する理解と共感が低い ・保護者のストレスが高い	・保護者同士で差異や多様性を認めること ・専門職は保護者の困り感に寄り添い、共感すること	・保護者同士の交流機会の増加 ・専門職と保護者の交流機会の増加	・子どもの発達の差異と多様性に対する理解を深める ・インクルーシブ理念の普及	・保護者同士で共感し、支え合うこと ・専門職と保護者との信頼関係を強めること	・育児ストレスの軽減 ・達成感または生活満足感の向上
・インクルーシブ保育教育の質が低い	・専門職同士で柔軟的に協調すること ・インクルーシブ保育教育システムを充実すること	・専門職同士の交流機会の増加 ・定期的な企画会議の開催	・専門職コンピテンシーの向上	・専門職のストレスの軽減	・インクルーシブ保育教育システムの改善
・インクルーシブ保育教育の効果検証が乏しい	・ニーズの把握と成果の明示	・定期的な調査の実施	・ニーズに適合したサービスの提供	・科学的な根拠に基づくサービスの提供	・共創ウェルビーイングコミュニティ・システムの展開

図 5-2　共創ウェルビーイングに基づくインクルーシブ保育教育に向けた評価設計

門職の力を引き出し、よりよい子育ち、子育てをエンパワーすることにあります。調査内容は社会的スキル、育児環境、保育環境などです。

路交館の研究成果について、大きく三つの点から説明します。

①路交館では、専門職の長年の努力と支援のもとで、子どもたちが互いの信頼感を育み、多様性を尊重し、認め合い、共に力を合わせる文化が根づいています。これは、子どもたちの社会的スキルを高めることにつながります。

②専門職たちは十分なサポートを提供し、保護者たちが協力して一緒に子どもたちのより良い発達を支えています。

③共同保育の「共」の字の通り、共創ウェルビーイングという「共に育む力」を構築しています。

以下にインクルーシブ効果の科学的根拠を示します。

子どもの社会能力を測る「社会的スキル評価」という評価ツールを用い、世界中の研究でもっとも多く用いられている「協調」「自己制御」「自己表現」の三つの側面から子どもの特徴を把握しました。路交館の子どもたちの社会的スキルは全国の保育園と比べて高くなっています。

具体的に「協調性」「自己制御」「自己表現」という三つのカテゴリーから該当項目を下記に示します（＊印が一つ付いているのは、統計的に九五％の確率で正しいといえるという意味です）。

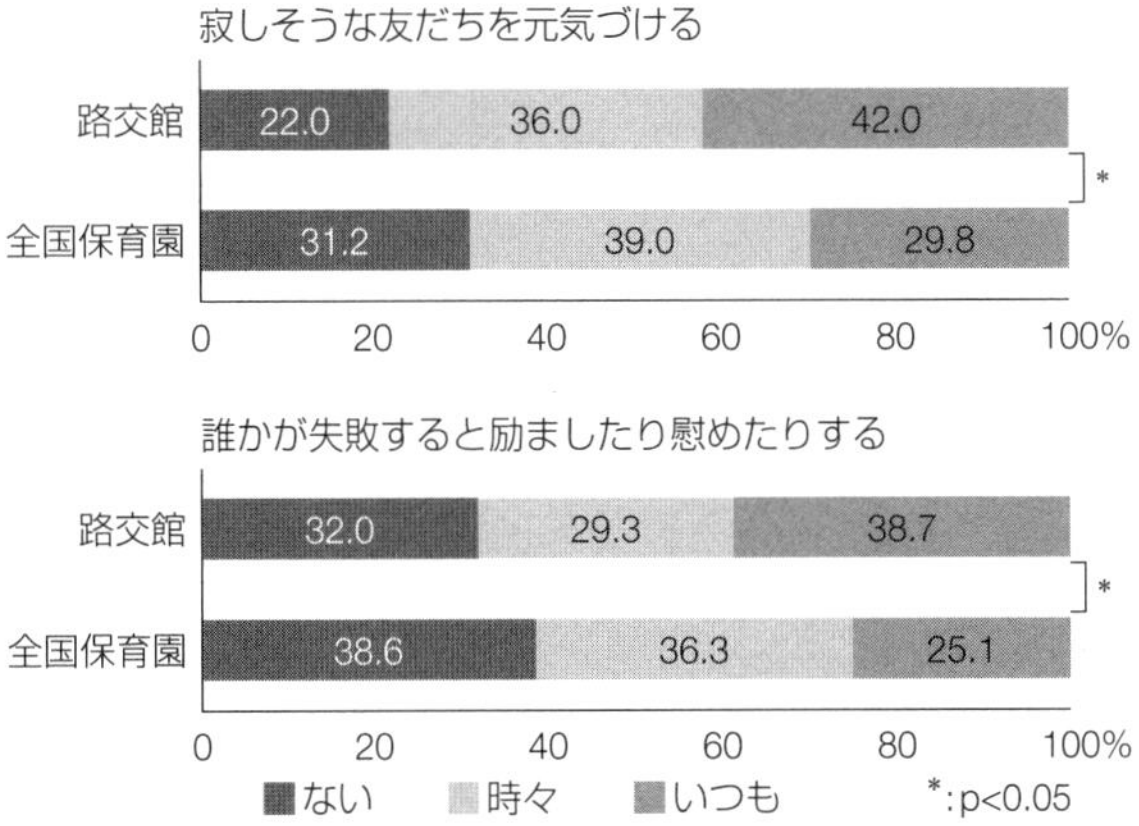

図 5-3　協調性にかかわる項目

(1) 協調性

「協調性」は、自分と異なる立場、違う意見や考え方をもつ人たちと協力しながら、同じ目標の達成に向けて行動できる能力のことです。路交館の子どもたちには高い協調性があります。

「協調性」の中で、とくに「寂しそうな友だちを元気づける」「誰かが失敗すると励ましたり慰めたりする」の項目が全国よりも有意に高くなっていました。

共同保育を経験した路交館の子どもたちは、他の子どもの感情やニーズを思いやり、協力する能力が高いことがわかります（図５－３）。

(2) 自己制御

「自己制御」は、自分の気持ちや行動を、場面に応じて調整することです。「自己制御」の中で、路

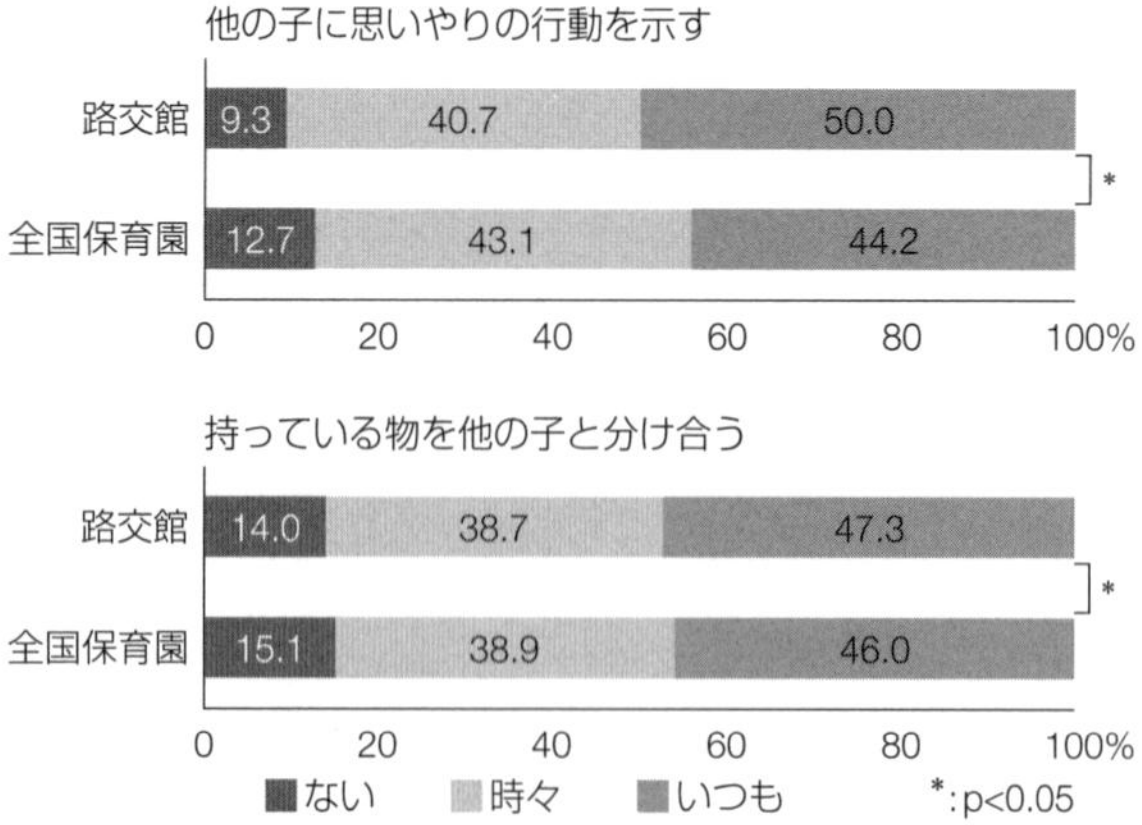

図 5-4　自己制御にかかわる項目

交館の子どもたちは、「他の子に思いやりの行動を示す」「持っている物を他の子と分け合う」の項目が全国よりも高い結果となっていました。

路交館の子どもたちは、他の子どもとのコミュニケーションにおいて、場面に応じて自分の気持ちや行動を調整できる能力が高いことがわかります。これは、人とのかかわり場面において重要なスキルになります（図5－4）。

(3) 自己表現

「自己表現」は、自分から相手に気持ちを伝え、自分の気持ちをはっきりと表すことです。

「自己表現」の中で、路交館の子どもたちは、特に「誘われれば遊び仲間に入れる」「話をする時には顔を見る」の項目が全国よりも高くなっています。共同保育を経験した路交館の子どもたちは、相

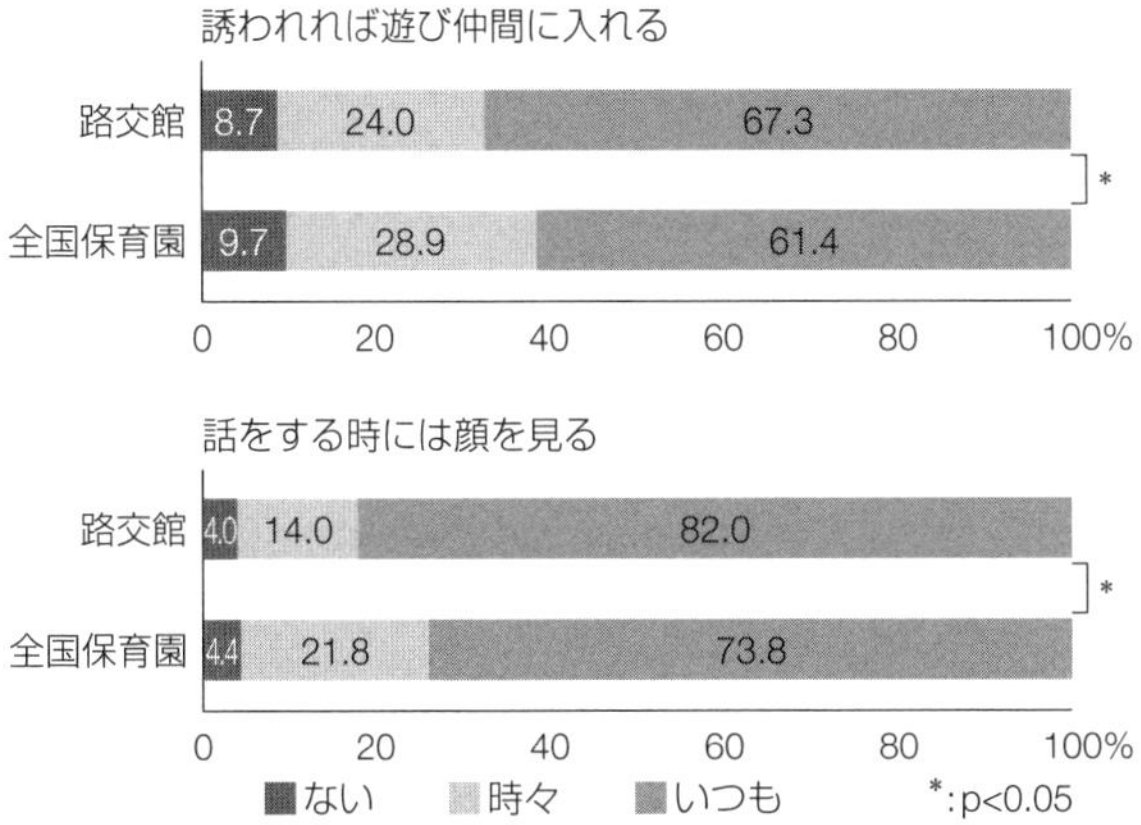

図 5-5　自己表現にかかわる項目

手の表情や感情を理解し、効果的なコミュニケーションを築く能力が高いことがわかります。

「誘われれば遊び仲間に入れる」は、人と共に楽しむ力があることを意味します。

「話をする時には顔を見る」ことは、良好なコミュニケーションをとるうえで重要なスキルの一部です（図5－5）。

路交館の子どもたちが高い社会性を示すのは、共創インクルーシブ保育環境が一因です。なぜなら三～五歳児異年齢保育の中で障がい児が生活し、一緒に考え行動することで、さまざまな困難を共に乗り越える多くの経験をするからです。定型発達の子どもたちは障がいのある子どもの個性を理解し、自分の強みを発揮しながら互いにエンパワーし合い生活します。そのことが高い社会能力を育み、将来にわたる共創ウェルビーイングの力を獲得しています。

共創インクルーシブ保育教育は、子どもにとどまらず、家族にとっても質の高い子育て環境をもたらす可能性があります。共創インクルーシブ保育教育を経験する子どもの保護者は、子どもと一緒に友人や親戚を訪問する傾向が高く、子どもの失敗に対して手を出すしかり方をせずに対応し、育児に関しては他者（配偶者、近隣住民、保育専門家など）からの援助をより多く受けていました。たとえば、パートナーが育児に協力する頻度が高く、保護者間で子どもの話をすることで、共に支える子育てが実現しています（図5－6）。

保育コホート研究による科学的根拠から、共創インクルーシブ保育教育は、障がいのある子どもにとどまらず、すべての子どものために望ましい効果があることがわかります。たとえば路交館の障がいのある子どもと定型発達の子どものかかわりと、定型発達同士の子どものかかわりとを比べました。すると障がいのある子どもとかかわると、「相手の理解で言語を工夫し表現」「筋道立てて自己主張」が定型発達同士の子どもより高くなっていました（図5－7）。

共創インクルーシブ保育教育の効果は、卒園後も生涯続くものです。長期におよぶ効果として、卒園後の育ちを調べました。路交館の卒園児は「人の気持ちのわかる人間になりたい」「人の役に立ちたい」と回答する割合が全国より高くなっていました。共創インクルーシブ保育教育が、卒園後も向社会性や社会的な役割意識の高さにつながるという効果が明らかになりました（図5－8）。

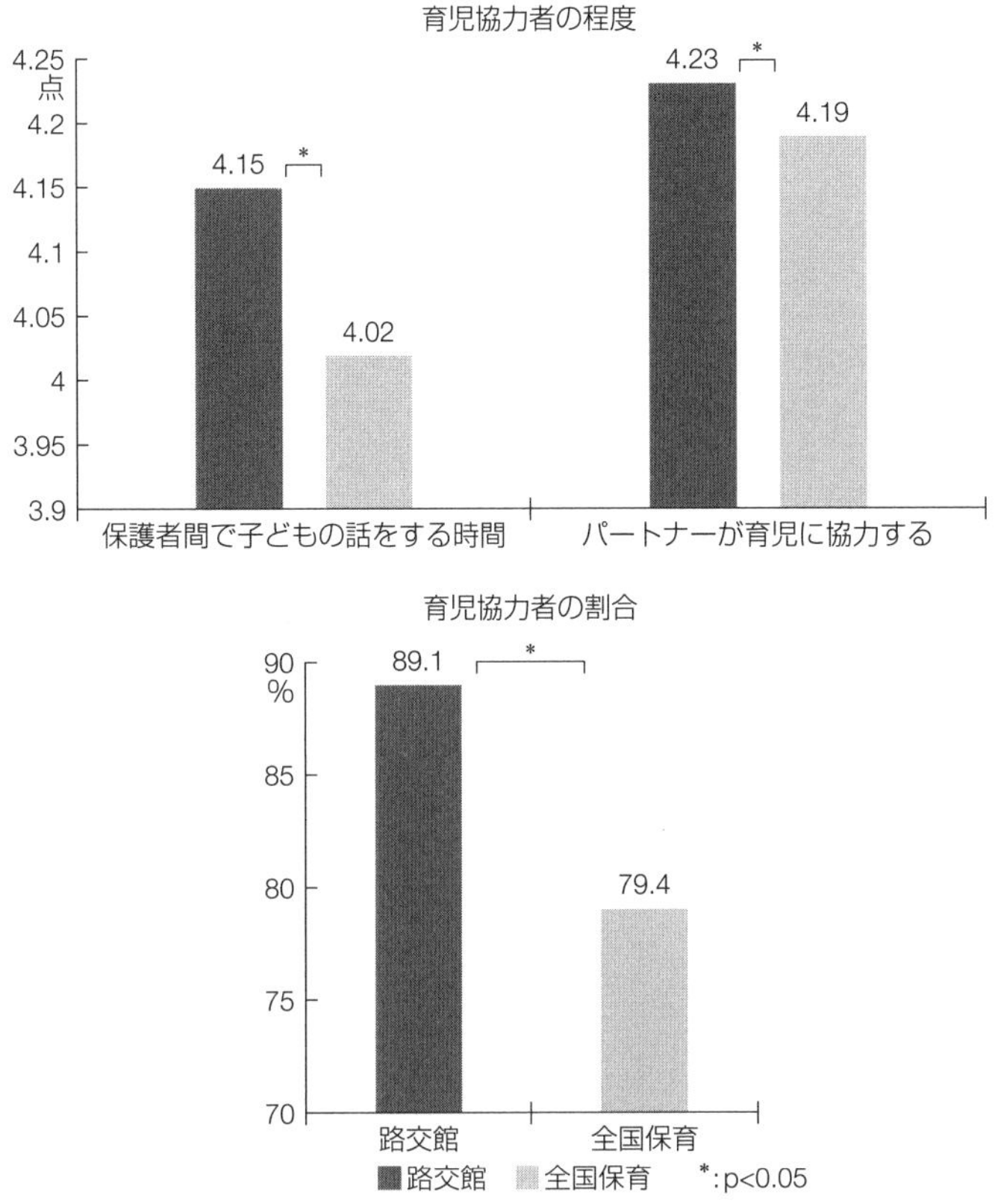

図 5-6　育児協力者の程度と割合

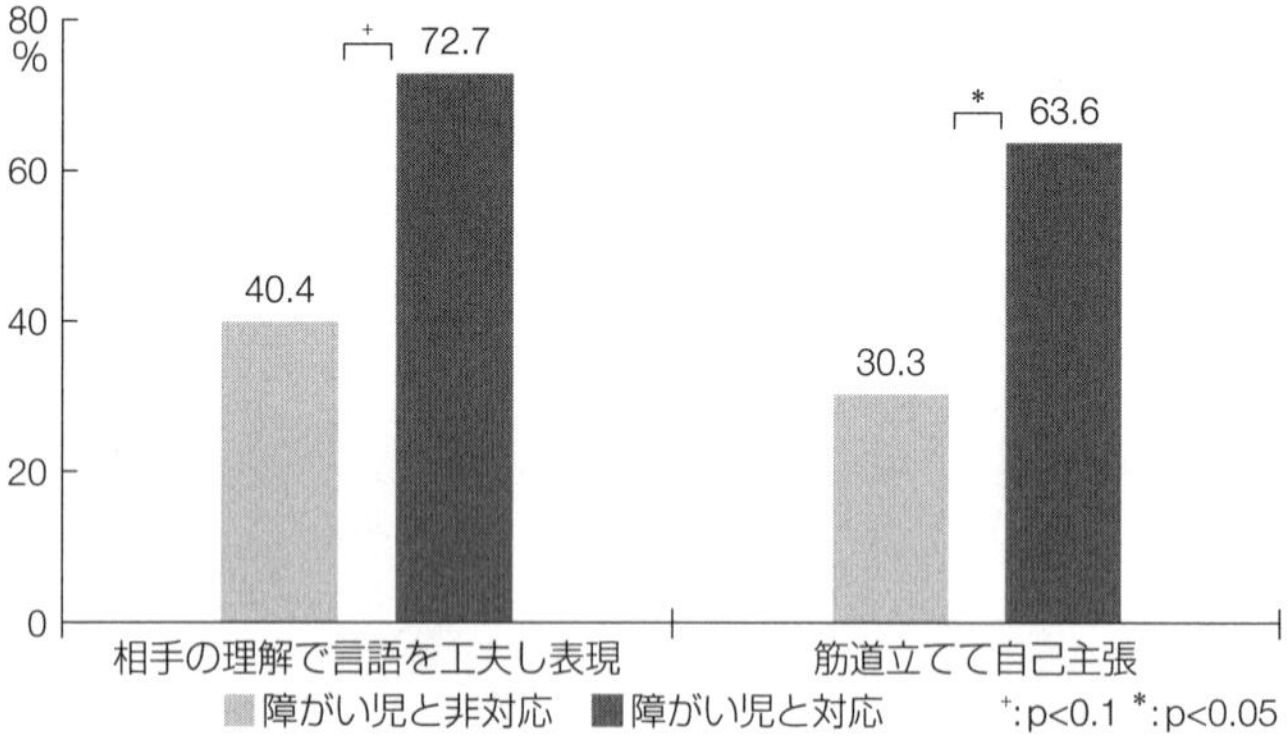

図 5-7　障がい児とのかかわりの特徴

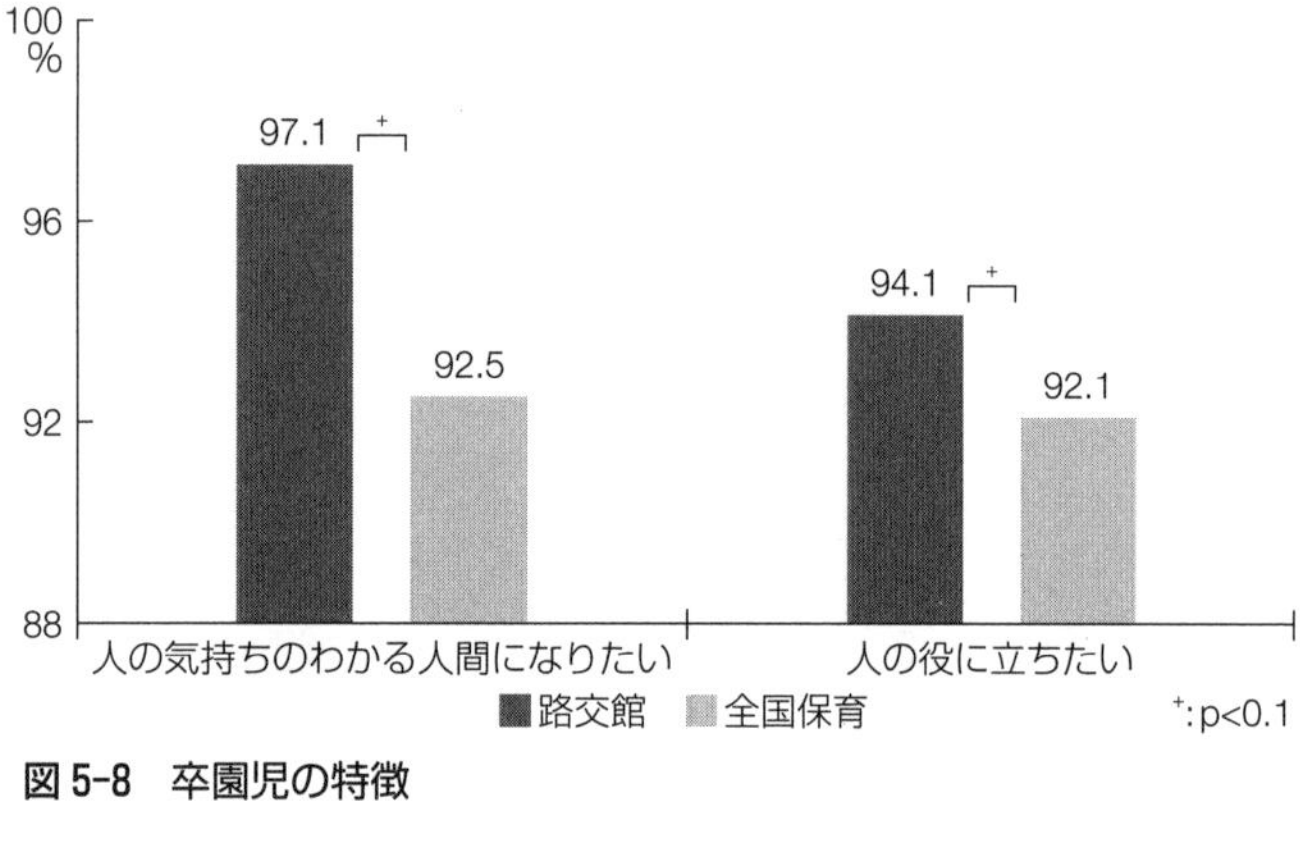

図 5-8　卒園児の特徴

共創インクルーシブ保育教育は、共創ウェルビーイングの価値を共有し、保護者を支えます。特に障がいがある子どもの保護者や困り感をもつ保護者にとっては、専門職や他の保護者、地域と共に子育てしているという安心感をもたらします。

すべての人びとにとって、何か困り感を抱える状態になっても、いつでも専門職や他の保護者、地域と共に子育てをしている、一緒に問題を解決できる信頼感は、共創インクルーシブ保育教育の大きな魅力です。

3　共創ウェルビーイング実現のコツ

(1) 自分を大切にする

成長を信じる

保育教育の実践において、困難な環境に置かれ生きにくさを感じる子どもたちは少なからず存在します。自分を大切にする感性や非認知能力の発達には乳幼児期の体験が大切ですが、環境に恵まれず「自分を大切にする」感性が未熟な子どもがいるのも事実です。

しかし、自分を大切にする感性を育てるのに遅すぎるということはありません。保育者やまわりの人びとが、「自尊感情が低い」などの言葉で自分を大切にできない子どもにレッテルを張るのは間違いです。非認知能力や社会性は、いのちの最後の瞬間まで成長する能力といわれています。今からでも自分を大切にする感性を育むことはできる、と保育者をはじめ周囲の大人たちが信じることが大切です。

ありのままの自分を表現する

自分を大切にする感性は、自分の思いを他者に伝え、相手が受け止めてくれるという関係の中で育まれます。私たちは、相手の反応を気にして、自分で自分を押さえつけていないでしょうか？　その場だけの関係としては、そのほうが事がスムーズに進むことはあるでしょう。しかし、自分を大切にするのであれば、時に意見が対立することがあっても、自分の率直な思いを、自分のありのままの姿で相手にぶつけていくことが大切です。

プラスのフィードバックを大切にする

多様な人びとの集まりの中で、それぞれがありのままの自分でいようとすると、必ず意見の対立は生じます。しかしそれは自分にとって困ること、嫌なことでしょうか？　じっくり考えてみると、意見が対立することで、それまでの自分にはなかった視点、自分にはない相手の素敵なところに気づくものです。

相手の素敵な部分、自分より優れている部分に「すごいね、素敵だね」という眼差しを、お互いにフィードバックしていくことで自分を大切に思う感性が育まれていくはずです。

身近な人を目標に

子どもたちは時に大人のように振る舞おうとすることがあります。学校では先生のように振る舞おうとする生徒がいるかもしれません。

異なる年齢の子どもで構成される集団では、子どもたちは大人よりももっと身近な年長の子どもにあこがれ、目標とします。仲間である年長児の姿から、自分を大切にしてくれる人の振る舞いを学んでいきます。

その環境に身を置くことで、たとえ障がいがあり「自分はできないから助けてもらいたい、助けてもらえる」と思っていても、年長になれば「自分もリーダーとして、誰かを支えてあげたい、助けてあげられる」と感じるようになります。

(2) 違いを楽しむ

自分の経験で相手を決めつけない

保育者は、「障がい児だから」「三歳児だから」と子どものほんの一面だけを見て、子どものことを理解したつもりになっていないでしょうか？　子どもたちは、大人のように他者を決めつけて他の子どもに接することはしません。だからこそ、相手との違いを「困ったこと、直さないといけないこと」と感じるのではなく、違って当たり前、自分とは違うことを前提として一人の人間として受け止め合っています。

人との違いを楽しめなくなっているのは、私たち大人の方です。いま一度、自分自身を振り返ってみましょう。

一面だけから見て決めつけない

実際に相手に直接かかわったうえで「実際にこの人はこうだった」と思う人もいるかもしれません。第一印象が悪かった時などに、人はそう思い込みがちです。しかし、よく考えてみましょう。私たちは相手についてのどれだけのことを知っているでしょうか？　まだ知らないたくさんの側面があるはずです。そこに関心をもって、まなざしを向けてみてください。相手の素敵な面、すごいなと感じる面がたくさん発見できるはずです。

トラブルに自分たちで向き合う

人とのかかわりの中では、さまざまなトラブルが生じるのは当たり前です。そんな時、私たちは誰かに言いつけて解決してもらうことを望んでいないでしょうか？　子どもにとっては大人であったり、職場では上司であったり、他者の責任としてトラブルをとらえていないでしょうか。

他者とのかかわりの中でのトラブルは、違いをもつ人びとの集まりだからこそ起こることです。トラブルの責任は場を取り仕切る誰かではなく、コミュニティの一員である自分自身にあるものです。トラブルに対し、当事者である自分たちで向き合い、解決策を考えてみましょう。その過程の中で、さまざまな発見があるはずです。トラブルそのものは解決しなかったとしても、新たな発見をしていくことで、相手との違いが困ったこと、嫌なことではなく、自分たちが成長していくための大切な要素なのだと感じていくはずです。

(3) 集団の力を信じる
信じてもらえる集団であることが大切

集団を信じるためには、まず自分もその集団の一員である自覚が大切です。集団の一員である自覚とは、帰属意識とも言い換えることができます。帰属意識は一人で感じようとしてもなかなか難しいものです。自分を受け止めて、仲間に入れようとする集団があって初めて自分もその仲間の一員だと感じることができます。

コミュニティの一員であるあなたは、新たにコミュニティに加わろうとしている仲間に対して、自分と違いのある仲間に対して、コミュニティとして受け止めていこうという姿勢を示しているでしょうか？　私たちが変わった時に、コミュニティの中で孤立感を感じている人の意識も変わっていくことでしょう。

将来自分がリーダーになるという気持ちを育む

身近な人を目標にと書きましたが、三歳児は一年かけて四歳児に、四歳児はもう一年かけて五歳児になります。五歳児のリーダーにあこがれ、リーダーになりたいと思いながらも、明日いきなりリーダーになれるわけではありません。異なる者の集団の中で、時間をかけて自分の立ち位置が変わっていく体験をしながら、リーダーになるために必要なものは何か？　他者を大切にするとはどういうことかを学んでいくことができます。

障がい児も含めた異年齢で構成されるさまざまな違いをもった子どもたちの集団だからこそ学ぶことができる大切な要素です。年齢別といった同じ属性の集団に、年齢ごとの画一的な発達課題を求める保育では決して体験することができません。

ファシリテーターの存在

どのようなコミュニティでも必ず指導的な立場の人は存在します。子ども園であれば保育者、学校であれば先生、職場なら上司といった存在がそれにあたるでしょう。町会など、一見持ち回りの会長が置かれているだけのように見えるコミュニティであっても、年長者であるとか、組織の指導的な役割を経験したことのある人物であるとか、一目置かれる存在は必ずいるものです。

指導的な立場の人が教え諭す役割を担うのではなく、コミュニティの一人として、お互いの発言を促したり、他者の意見に耳を傾けるよう促すなど、ファシリテーターとしての役割を果たすことが大切です。より良い集団のあり方を実現するためには、誰か一人に付き従うのではなく、コミュニティに所属する一人ひとりが意見を出し合い、自分らしさを発揮することが必要です。

(4) 共創ウェルビーイングがもたらす相乗効果
子どもたちの姿から影響を受ける保育者と保護者の姿

こども園では、子どもたちのコミュニティの姿から、保育者のコミュニティも影響を受けます。逆もまたしかり。一つのコミュニティの中で起こる共創ウェルビーイングは、近くのコミュニティに伝播します。

子どもたち同士が共に育ち合い、ウェルビーイングを創り上げる姿は、保育者同士の関係にも影響を及ぼします。子どもたちの姿に感化され、保育者たちも「自分たちの保育はこれでいいのか?」と問い直します。自分たちのコミュニティの中に潜む課題に「見て見ぬふりをしているのではないか？」という意識が芽生えます。

保育者の集団だけでなく、保護者同士の関係にも影響が及びます。自分の子どもが日々の生活を通して悩み葛藤し成長していく中で、親子の会話の中でも他の子どもたちの話題が増えていきます。

自分の子どもが子ども同士のコミュニティの中で日々成長していることを保護者が意識すると、自然に保護者同士での会話も増えます。「うちの子は家で○○ちゃんのことばかり話しているんです」「□□君にはいつもうちの子がお世話になってます」といった会話が日常的にやり取りされる関係が生まれます。子育ての悩みを話しているうちに、仕事や友人関係までも含めた、一人の人間として悩みを相談し合える保護者同士のコミュニティが形成されていきます。

子どもたちは未来の社会の担い手であり、保育者も、保護者もそれぞれに家庭や地域社会など、こども園の外のコミュニティにも必ず何かしら所属しています。コミュニティからまた別のコミュニティへ、現在のコミュニティから未来のコミュニティへ、共創ウェルビーイングという人びとの営みは、あらゆる方向に伝播し、拡大していきます。

共創ウェルビーイングの第一歩は自分自身から

保育教育にとどまらず、会社組織で共創ウェルビーイングを実現したい管理職のみなさん。まずは自分たちで構成される管理職同士のコミュニティで共創し、ウェルビーイングを目指してみましょう。その姿は必ず社員全体のコミュニティに伝播していきます。

地域社会での共創ウェルビーイングを目指すみなさん。まずは取り組むスタッフのコミュニティでのウェルビーイングを目指してみましょう。必ず地域社会に伝播していくはずです。

できることからコツコツと、一番近くにいる他者との関係を変えていくことを積み上げた先にあるのが共創ウェルビーイングだと思います。小さなウェルビーイングが、隣に、さらに隣に広がっていき、未来に向かって伸びていく、その可能性を信じながら今を生きていくことが、私たちが今すぐ踏み出すことのできる第一歩です。

私たちは、社会福祉法人というコミュニティに所属しています。保育や支援において直接かかわることができるのは、子どもたちや福祉サービスを必要としている方たちと共に生きている保育者をはじめとした現場の職員たちです。

しかし私たちの活動の目標は、子どもたちやサービス利用者の生活向上だけではなく、その先にある、**誰もが共に生きることのできる地域社会の共創ウェルビーイング**だと思っています。私たちとはまた別の領域で共創ウェルビーイングを目指して活動している方たちと、どこかで重なり、切磋琢磨し、さらに大きなウェルビーイングを共に創っていけることを願っています。

［第5章担当：尾裕健二・宮崎勝宣・新山妙子・渡健友・白山美鈴・朱珠・王妍霖］

第6章 子育てに寄り添い、共に楽しむ

――子どもの未来をひらく「保育パワーアップ研究会」

1 共創スキルと共創コミュニティ

(1) 保育パワーアップ研究会の概要

子どもの未来をひらく環境とは、一人ひとりの子どもの力を最大限に引き出し、生き生きとした**子育ちをエンパワメントする環境**です（安梅 2019）。「子どもたちの豊かな未来」を守ることは、保育教育に携わるすべての人々の願いであり、社会の役割といえます。すべての人びとがそれぞれの夢を実現できる社会、とくに保育教育の質向上を目指して、保育パワーアップ研究会は研究と実践に取り組んでいます。子どもと家族、そしてすべての人々のウェルビーイング実現に関心をもつ専門職や研究者、実践者などが集まり、みんなで知恵を出し合い、共創することを大切にしています。

保育パワーアップ研究会の主な活動には、①研修会やサイエンスカフェ（みらいエンパワメントカフェ）の開催、②子どもの健やかな成長を支援する根拠に基づく支援ツールの開発と普及、③子どもの育ちの追跡調査に基づき、子どもの育つ力、養育者の育児力をエンパワメントすること、の三つがあります。本章では、一九九八年から継続する調査研究と実践の取り組みの事例から、専門職と研究者が当事者と共に形にしてきた支援のためのスキルと仕組みを紹介し、共創ウェルビーイングを実現するコミュニティづくりの工夫やコツについて、考えていきます。

(2) パートナーシップから生まれた共創スキル：支援に活かす五つのツール

一九九八年に、夜間保育、長時間におよぶ保育の子どもへの影響を明らかにし、保育すなわちケアの質を高めたいと願う全国夜間保育園連盟と研究者の共働により、全国調査が行われました。子どもの発達に何が影響するのか、保育の実践の場でのかかわりや育児環境をもとに検討した結果、質の高い保育を利用した場合、保育を利用する時間の長さではなく、家族との食事の機会、養育者に育児の相談をする相手がいるかなど、家庭でのかかわりの質や、養育者に対する支援が発達に影響していることが示されました（田中他 2012）。短い時間であっても、子どもと養育者のかかわりが豊かで、質の高い保育教育と養育者への支援が子どもの健やかな発達につながることが日本のデータで示されたのです。まさに、保育教育にかかわる実践の当事者である全国の専門職と、研究職、保育教育を必要とする当事者である子どもと養育者の共創により生み出された研究成果でした。そしてこの研究は、現在まで継続しており、これまでに全国一〇〇園以上の認可保育所・幼稚園・認定こども園が参加しています。

また、保育教育利用の効果として、認可保育所など一定の基準を満たした養育者への支援を含む保育サービスを利用することの影響も調査しています。質の高い保育サービスを利用した群と利用していない群を比較した調査では、三歳未満児の養育者の子育て行動に着目し、保育サービスを利用するほうが、一年後に子どもをたたく行動が改善しやすい傾向が見出されました。そして、養育者の子育て行動がより健やかになることを通じて、子どもたちの健やかな心身の発達につながることが示されています（Anme et al. 2016）。保育教育の提供は、単に子どもへのケアではなく、子どもを育てながら社会で活躍する人々の社会活動を支えるものであり、未来を担う次世代を育むという点で、国の社会経済政策とも密接に関連し、社会全体の活性化への波及効果が大きいものです。保育教育に関する調査研究とその成果をより良い実践に活かすことは、社会全体の力を高めることにつながり、社会的意義が高いといえます。

このような継続調査から得られた知見を科学的根拠として蓄積し、専門職による保育教育を支援するために開発されたのが、**五つのエンパワメント支援ツール**です（安梅・田中 2022）。

五つのエンパワメント支援ツールは、子どもの発達の状態の把握や、家庭での育児環境、保育教育環境を客観的に評価し、支援に活かすものです。①発達評価ツール、②育児環境評価ツール、③保育教育環境評価ツール、④子どもの困り感に寄り添う支援ツール、⑤社会的スキル評価ツールの五つがあります。

発達評価ツールでは、運動の発達、社会性の発達、言葉の発達などを六つの領域から確認し、子どもの発達状態を把握します。育児環境評価ツールは、養育者から家庭での子育ての状況を聞き、養育者への支援や子育て支援につなげます。保育教育環境評価ツールは、健やかで豊かな子どもに育つ環境として、保育教育内容や園の運営などの保育教育施設の環境を評価するものです。子どもの困り感に寄り添う支援ツールは、子どもの立場に立ち、子ども自身が困っていることに目を向け、困り感を軽くし、結果として子どもと養育者、専門職の力を引き出すエンパワメントにつなげるものです。

社会的スキルは、遊びを含む日常生活の中で育まれるスキルとして、自己表現、自己制御、協調の三つの側面からみるもので、非認知スキルの一つとして世界的にも注目されています。社会的スキル評価ツールは、自分の気持ちを伝える、相手の気持ちを理解する、状況にあわせて振舞うなど、子どもが社会の中で人とかかわりながら生きる力である社会的スキルを、園での子どもの様子から把握するものです。子どもの強みを活かし、共生につながる力を支援します。

(3) 共創ウェルビーイングを実践していくための取り組み

保育パワーアップ研究会では、調査研究で得られた知見から科学的根拠に基づくエンパワメント支援ツールを開発しました。さらに、結果の可視化（見える化）と育ち合いにつながる仕組みづくりに取り組みました。エンパワメントにつながる仕掛けとして、ツールを活用する仕組みに、ハード面（WEB活用）とソフト面（研修会やカフェの開催、テキストの作成）の両方から取り組んでいます。ポイントとして下記の三つの視点から紹介します。

①実践の場から科学的根拠を創出し、可視化する

実践の場から科学的根拠を創出するとは、子どもや養育者、専門職の声を、調査研究によってデータ化し、子どもの健やかな発達や養育者の健やかな育児につながる要因を明らかにすること、専門職のもつ実践知を調査研究の手法を用いて科学的な知見につなげていくことです。とくに、調査研究の結果を可視化（見える化）することは、わかりやすさと、結果を実践に活かす意欲につながります。

たとえば、社会的スキルに関して、何かしてもらうと嬉しそうな顔をするなど自分から相手に気持ちを伝える、自分の意思を主張する行動である自己表現は、最後まで話を聞くなど場面に応じて振る舞う自己制御や、困っている友だちを助けるなどの協調よりも先に発達します。乳幼児

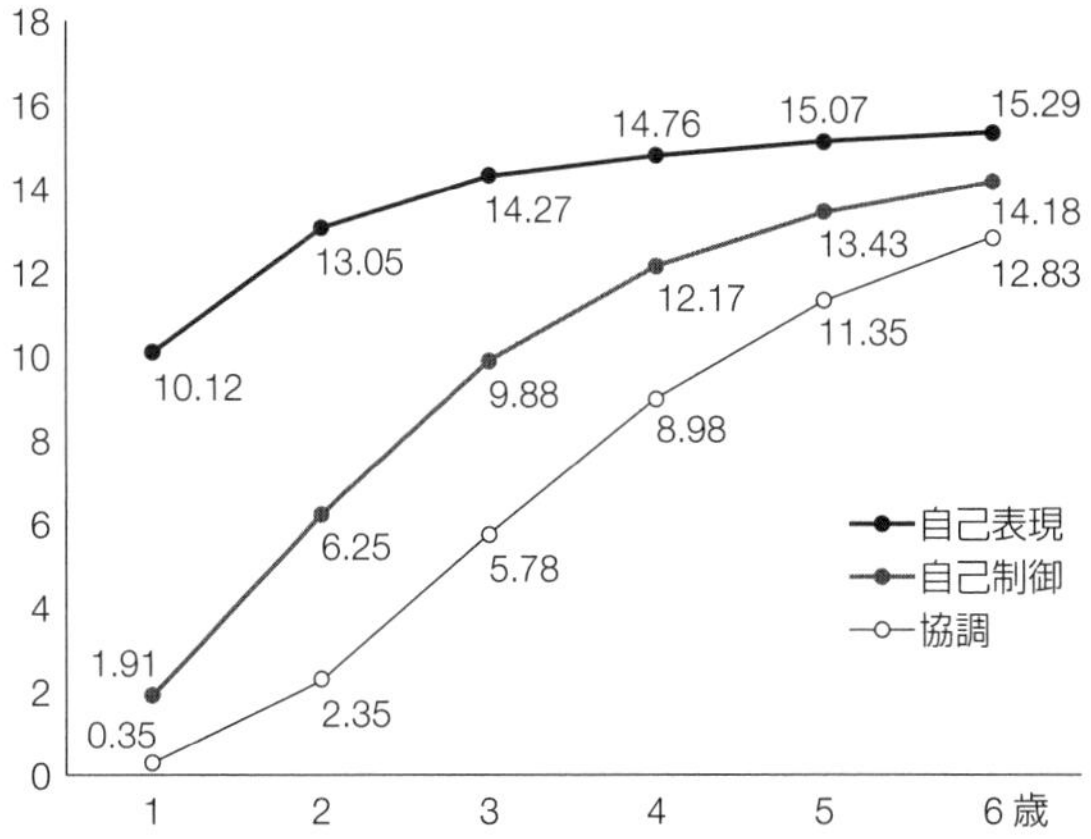

図 6-1　社会的スキルの発達（冨崎 2013）

期に、しっかりと自己表現できる機会を守ることが、その後の自己制御や協調の育ちにもつながります（図６－１）。自分の気持ちを相手に伝えることや、相手の気持ちを理解する、状況にあわせて振舞うなどの力は、一朝一夕に身につくものではなく、養育者や友だち、保育者など身近な人とのかかわり経験の中で育まれていきます。

専門職がこれらのツールを用いることで、子どもたち一人ひとりの特性を知り、支援の必要な子どもに早く気づき、支援につなげることはもちろん、クラスや園としての特徴を知ることから、適切な支援につなげ、その結果を確認することに活用できます。

②当事者を巻き込む

ここであげる当事者には、専門職はもちろん、子

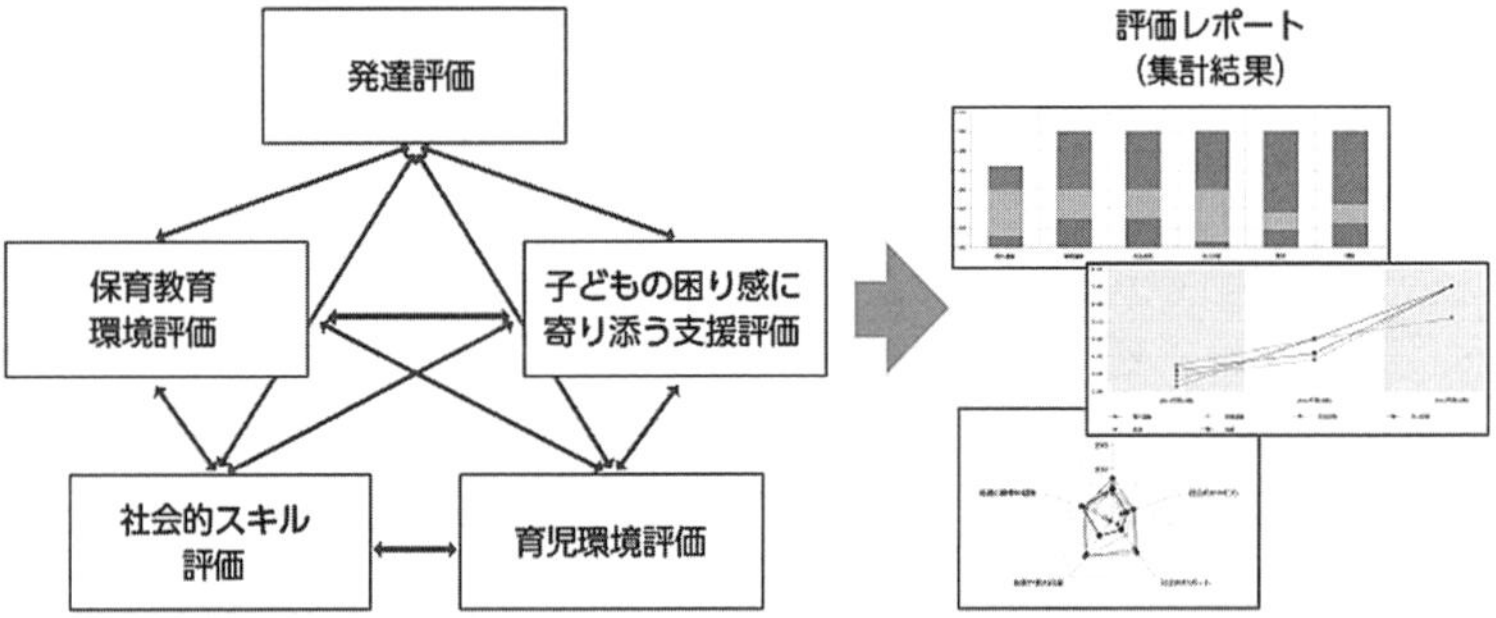

図 6-2　WEB 支援システム（安梅・田中 2022）

どもや養育者も含まれます。支援ツールは、子どもの日ごろの様子をよく知る専門職が用いるからこそ、子ども自身のもつ力や困り感を支援に活かすことにつながります。エンパワメントにつながる仕掛けとして、ツールを活用する仕組みづくりにハード面とソフト面の両面から取り組んできましたが、常に、当事者と共に、活用することを大切にしてきました。

保育教育実践の場では、業務負担を軽減し、人々の時間と活動をより保育教育の質向上に向けることができるよう、ＩＣＴ技術の活用が進められています。保育パワーアップ研究会でも、保育教育の質を可視化（見える化）し、保育教育実践を支援するためにインターネットを活用した子育て支援システム（以下、ＷＥＢ支援システム）を開発しました（図６－２）。

ＷＥＢ支援システムを開発したことで、五つの支援ツールがＷＥＢ上で使用できるようになり、園で子どもの状況につ

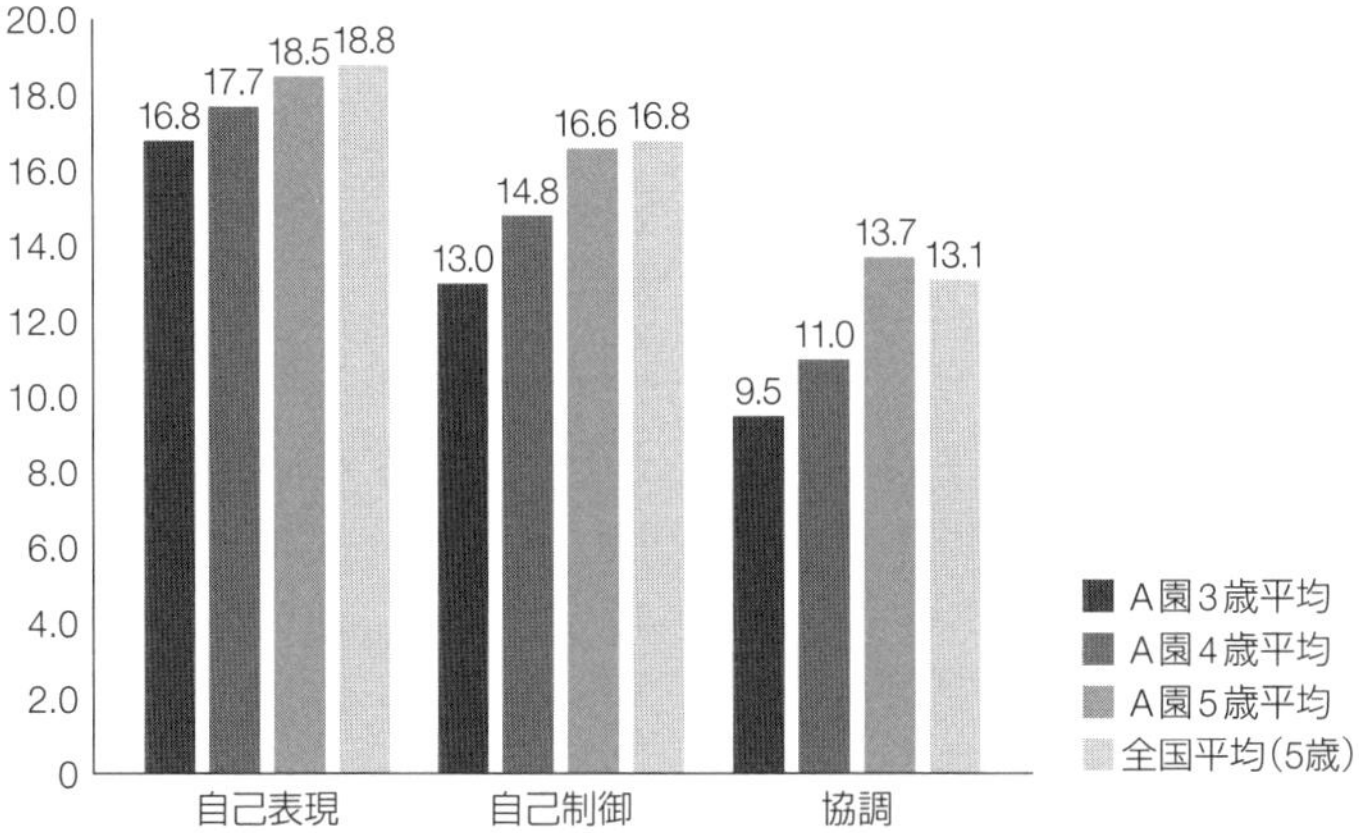

図 6-3　みえる化（可視化）の例

いて回答するとその結果がすぐにグラフで示されるようになり、支援計画を立てる際や、養育者との情報共有、専門職間での情報共有の際に、より簡単で使いやすくなっています。

たとえば、社会的スキル評価ツールでは、園ごとの年齢別の平均点と全国の平均点がグラフで表示されることで、年齢とともに、社会的スキルが伸びてきていることがわかります。また、「協調」の育ちは、全国平均と比べた自園の強みであるなど、その園の特徴がみえやすく、職員間でも共有しやすくなります。可視化することで、ＷＥＢシステムを利用している園から、「特徴に合わせた取り組みをみんなで考えたり、取り組みの結果をみんなで確認したりしやすくなる」といった声が聞かれました（図６－３）。

③共にパワーアップする活動を継続する

開発したツールやシステムをみんなが使えるようにすること、使いながらより良いものにしていくことは、共に育ち合う、力を引き出し合うことにつながります。共にパワーアップする活動を、さまざまな形で行っています。

たとえば、開発したWEBシステムは、実際に使用している専門職の声を取り入れ、定期的なアップデート（改訂）を行っています。

また、ソフト面の取り組みとして、保育パワーアップ研究会のメンバーを中心に、ツールの活用の仕方をくわしく説明したテキストの作成や、研修会やカフェを企画し、定期的に開催しています。テキストは、二〇〇六年にまとめられた「根拠にもとづく保育実践の技法」（全国夜間保育園連盟 2006）から、二〇〇七年の保育パワーアップ講座基礎編、二〇二二年の保育パワーアップ講座実践編まで、ツールの開発にかかわった研究者と、実際にツールを活用している専門職が一緒に話し合いながら改訂を重ねてきました。

毎年開催している研修会で寄せられた質問や意見をもとに、時代の変化に合わせて改訂を重ねることで、科学的根拠を示しながら、使い手である専門職やこれから専門職を目指す学生にとってもわかりやすいテキストを目指しました。事例を豊富にすることで、実践場面を想像しやすくしています。

すべての関係者と共創ウェルビーイングへの道筋を共有するために、子育てに寄り添い、共に楽しむ取り組みを、エンパワメント支援設計図と評価設計図（安梅 2004）を用いて整理してみました（図6－4、6－5）。

2　共創ウェルビーイング研究成果

(1) かかわりの質と子どもの社会能力への効果

待機児童解消、幼児保育料無償化など、増大する保育教育ニーズに対して、国や自治体はさまざまな政策的対応を行っています。一方で、すべての子どもが質の高い保育教育サービスを利用できること、すなわち「保育教育の質」確保の重要性に関しては、多くの懸念が寄せられつつも十分な議論と対応がなされたとはいえず、今後の課題として残されています。

保育教育の質は、園における子どもに対するかかわりに限定されず、保育教育の提供を通じた養育者への支援でもあります。私たちは一八年におよぶ追跡調査に基づき、質が高い保育は、子どもの健やかな育ちを支え、養育者の子育て力を育むことを確認してきました。その結果の一部として、①かかわりの質が子どもの社会能力におよぼす長期的な影響と、②質の高い保育教育を利用する効果についてご紹介します。

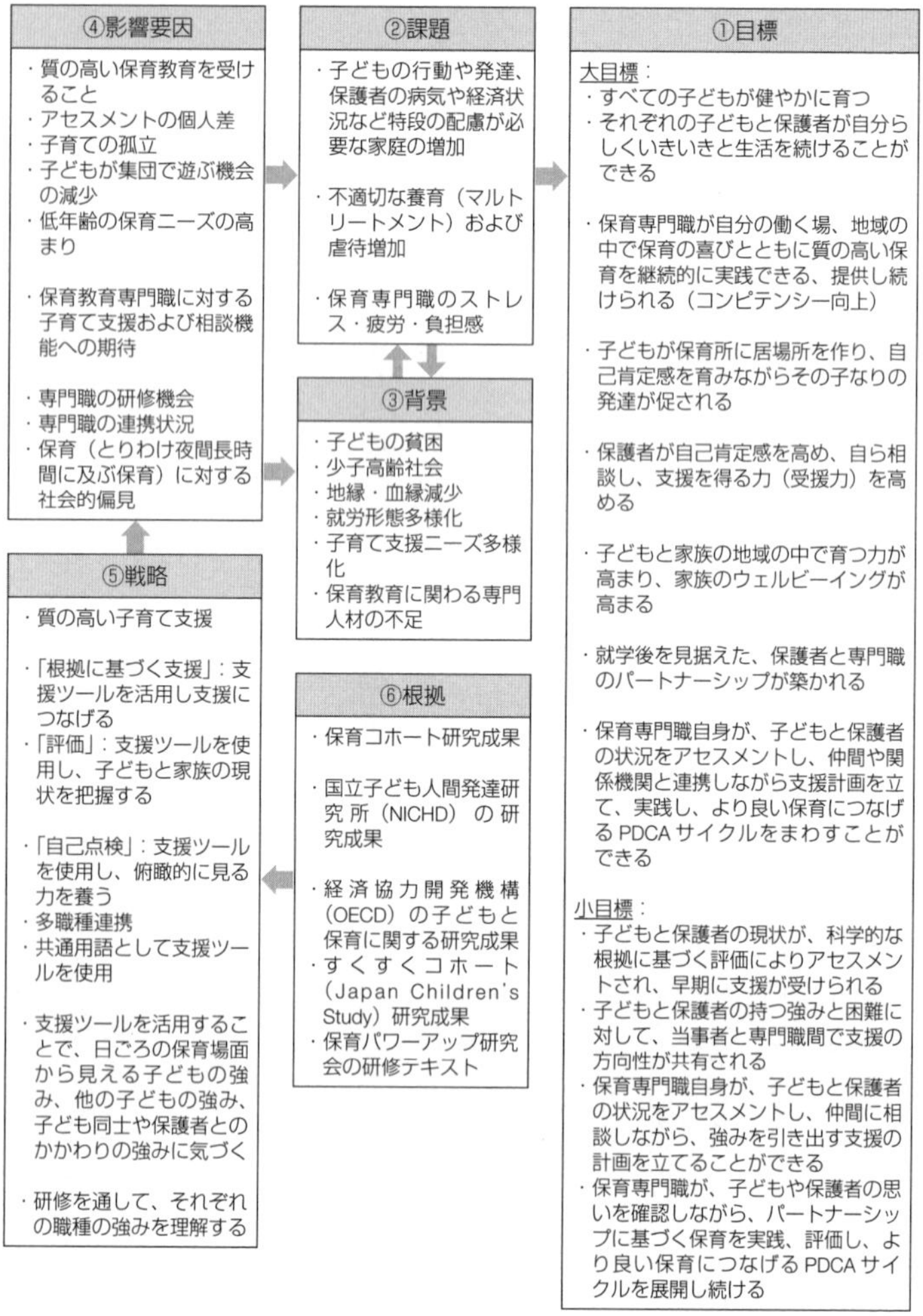
④影響要因
・質の高い保育教育を受けること
・アセスメントの個人差
・子育ての孤立
・子どもが集団で遊ぶ機会の減少
・低年齢の保育ニーズの高まり
・保育教育専門職に対する子育て支援および相談機能への期待
・専門職の研修機会
・専門職の連携状況
・保育（とりわけ夜間長時間に及ぶ保育）に対する社会的偏見
②課題
・子どもの行動や発達、保護者の病気や経済状況など特段の配慮が必要な家庭の増加
・不適切な養育（マルトリートメント）および虐待増加
・保育専門職のストレス・疲労・負担感
①目標
大目標：
・すべての子どもが健やかに育つ
・それぞれの子どもと保護者が自分らしくいきいきと生活を続けることができる
・保育専門職が自分の働く場、地域の中で保育の喜びとともに質の高い保育を継続的に実践できる、提供し続けられる（コンピテンシー向上）
・子どもが保育所に居場所を作り、自己肯定感を育みながらその子なりの発達が促される
・保護者が自己肯定感を高め、自ら相談し、支援を得る力（受援力）を高める
・子どもと家族の地域の中で育つ力が高まり、家族のウェルビーイングが高まる
・就学後を見据えた、保護者と専門職のパートナーシップが築かれる
・保育専門職自身が、子どもと保護者の状況をアセスメントし、仲間や関係機関と連携しながら支援計画を立て、実践し、より良い保育につなげるPDCAサイクルをまわすことができる
小目標：
・子どもと保護者の現状が、科学的な根拠に基づく評価によりアセスメントされ、早期に支援が受けられる
・子どもと保護者の持つ強みと困難に対して、当事者と専門職間で支援の方向性が共有される
・保育専門職自身が、子どもと保護者の状況をアセスメントし、仲間に相談しながら、強みを引き出す支援の計画を立てることができる
・保育専門職が、子どもや保護者の思いを確認しながら、パートナーシップに基づく保育を実践、評価し、より良い保育につなげるPDCAサイクルを展開し続ける
③背景
・子どもの貧困
・少子高齢社会
・地縁・血縁減少
・就労形態多様化
・子育て支援ニーズ多様化
・保育教育に関わる専門人材の不足
⑤戦略
・質の高い子育て支援
・「根拠に基づく支援」：支援ツールを活用し支援につなげる
・「評価」：支援ツールを使用し、子どもと家族の現状を把握する
・「自己点検」：支援ツールを使用し、俯瞰的に見る力を養う
・多職種連携
・共通用語として支援ツールを使用
・支援ツールを活用することで、日ごろの保育場面から見える子どもの強み、他の子どもの強み、子ども同士や保護者とのかかわりの強みに気づく
・研修を通して、それぞれの職種の強みを理解する
⑥根拠
・保育コホート研究成果
・国立子ども人間発達研究所（NICHD）の研究成果
・経済協力開発機構（OECD）の子どもと保育に関する研究成果
・すくすくコホート（Japan Children's Study）研究成果
・保育パワーアップ研究会の研修テキスト

図 6-4　子育てに寄り添い共に楽しむエンパワメント支援設計

背景	目標・戦略	過程・組織	成果		
			アウトプット	アウトカム	インパクト
・困り感を持つ子どもに対して、保護者や保育専門職自身が気づかない、または戸惑いやかかわりへの困難感を感じている ・子ども自身のストレスが高い	・子どもの経年的な育ちが理解され、異年齢の集団で子どもの意欲や社会性などの非認知能力が育まれる ・子ども同士の関係性や社会的スキルの育成 ・子どもの発達の視覚化	・日常的な保育園での生活の中に適切な刺激があり、安全が配慮されている ・発達や発育が定期的に評価されている ・子どもの権利が守られる（参加する権利含）	・子どもの主体性と権利が守られ、自分らしさを発揮しながら、心身の発達が確認される ・保育・遊びを通じた学びの機会がある ・他者とのかかわりの中で自己主張でき必要な助けを得られる	・子どもの成長と発達の定量的評価、視覚化 ・信頼できる仲間づくり ・子どもの受援力、社会的スキル向上	・子どものすこやかな発達の保障 ・子どものウェルビーイングの向上
・夜間・長時間におよぶ保育教育に対する理解と共感が低い ・保護者のストレスが高い	・保護者が仲間や専門職との信頼関係を築き、育児への困難感が軽減 ・専門職は保護者の困り感を具体的に理解することで共感し、その力を引き出す	・保護者同士の交流機会の増加 ・専門職と保護者の交流機会の増加	・子どもの健やかな育ちと多様性に対する理解を深める ・子どもの強み、保護者自身の強みが認識される	・保護者同士、保護者と保育者の間の共感に基づく支え ・保護者自身が、受援力を高める	・育児ストレスの軽減 ・受援力の向上、子育ての困難感の軽減、子どもとのかかわりの質向上
・保育教育の質への認知や、根拠に基づく保育実践 ・子どもをアセスメントする視点について、保育者による差が大きい	・専門職同士で柔軟的に協調すること ・質の高い保育教育システムを充実すること	・専門職同士の交流機会の増加 ・定期的な企画会議の開催	・ツール提供、専門職が研修や交流会に参加する機会をもつ ・園内や研修・交流の場で、子どもと保護者の強みと根拠に着目した支援を経験する	・専門職のストレスの軽減 ・専門職のコンピテンシー向上	・質の高い保育教育システムの改善
・夜間・長時間におよぶ保育教育の効果検証が乏しい	・子どもと保護者のニーズ、課題を踏まえた実態の把握と成果の明示	・質的・量的調査の実施 ・定期的な調査の実施	・子どもの健やかな育ちを保障し、子どもと保護者のニーズに適合したサービスの提供 ・調査結果に基づくフィードバックと研修の実施	・科学的根拠に基づく支援ツールの開発、実装 ・ツール活用による継続的な保育支援の提供	・共創ウェルビーイングコミュニティ・システムの展開

図 6-5　子育てに寄り添い共に楽しむエンパワメント評価設計

なお、ここでは、日常的な養育者と子どものかかわりと、養育者を助ける人がいることを「かかわりの質」としています。具体的には、子どもと一緒に歌を歌う機会や絵本を一緒に読む機会、子どもをほめる行動や、子どもをたたかないこと、パートナーから子育てに関するサポートがあること、同年代の子どもをもつ友人との交流機会、養育者が相談できる相手がいることなどを広く含めて、「かかわり」としています。

①かかわりの質が子どもの社会能力におよぼす長期的な影響

「すくすくコホート」は、「日本の子どもの認知行動発達に影響を与える要因」を明らかにすることを目的として実施されたコホート研究です。遺伝や環境の要因が将来の子どもの行動におよぼす影響を、時間の要因を考慮したうえで確認するために実施されました。

私たちのチームは四〇〇人以上の親子を生後四か月時から三歳半時まで追跡し、とくに一歳半時点のかかわりと、三歳半時点の社会能力との関連を確認しました。

かかわりについては、一歳半時点の親子の遊び場面から、実際に「ほめる」などの子どもに対する配慮あるかかわり行動がみられるかどうか、アンケートにより日ごろの親子のかかわりを尋ねました。

三歳半時点の社会性は、親子の遊び場面の中で観察された子どもが養育者に対して自分の気持ちや考えを伝えようとする行動（主体性）、養育者のかかわりに対してうまくかかわる力（応答性、共感性）、場面に応じてみずからをコントロールする力（運動制御、感情制御）を把握し、データ化しました。具体的には、三歳半まで追跡できた一七四組を対象として性別を調整した相関分析を行いました。

その結果、一歳半時に養育者から子どもにアイコンタクトを求める行動は、三歳半時の主体性が高い（r=0.17, p＜0.05）ことと有意な正の関連を示しました。また、一歳半時に養育者が子どもに対してどならないことと三歳半時の主体性（r=0.18, p＜0.05）、養育者が子どもの声かけなどに優しい言葉で応答することと三歳半時の感情制御（r=0.15, p＜0.05）、養育者が子どもの努力を一度はほめることと運動制御（r=0.19, p＜0.05）、養育者が課題道具の性質などを説明することと運動制御（r=0.16, p＜0.05）に、性別の影響を調整してもなお、統計的に意味のある正の相関がみられたのです。

すなわち、具体的なかかわり行動として、養育者が子どもにアイコンタクトを求める行動や、どならないなど子どもの気持ちや子どものニーズに配慮したかかわり行動があること、子どもの努力をほめること、積み木などその場面で使う道具の性質を言葉で説明していること、子どもの話しかけに対して優しい言葉で応じていることが、その後の子どもの社会能力発達の良好さと関連する傾向が示されました（表６－１）。

表6-1　1歳半時の養育者のかかわり行動と3歳半時の社会能力発達の関連

項目	3歳半時の社会能力		
1歳半時養育者のかかわり	主体性	運動制御	感情制御
アイコンタクトを求め成立する	.17＊	−.04	−.07
子どもの努力をほめる	.03	.19＊	.08
優しい言葉で応じる	.09	.13	.15＊
どならない	.18＊	.08	.06
道具の性質などを説明する	−.01	.16＊	.06

＊:p<.05

実験室でみられた養育者の行動だけでなく、アンケート調査を行い、家庭における日常的な養育者の子どもへのかかわりについても把握しました。そして、家庭での日ごろのかかわりと、その後の子どもの社会能力発達の良好さの関連も確認しました。

その結果、一歳半時に「子どもに本を読み聞かせる機会がある」場合、三歳半時の運動制御が高い（r=0.18, p＜0.05）、一歳半時に「配偶者（または、それに代わる人）の育児協力の機会がある」場合、三歳半時の共感性が高い（r=0.17, p＜0.05）傾向がみられました。一歳半時に「子どもと公園に行く機会がある」場合、三歳半時の感情制御が高い（r=0.18, p＜0.05）傾向がみられていました。つまり、一緒に本を読み聞かせる機会や配偶者の育児サポートの機会、子どもと一緒に公園に行く機会など、日常的な家庭でのかかわりが豊かである場合に、子どもの社会能力発達が良好である傾向が示されました（表6－2）。

表 6-2　1 歳半時の家庭でのかかわりと 3 歳半時の社会能力発達の関連

項目	3 歳半時の社会能力		
1 歳半時養育者のかかわり	共感性	運動制御	感情制御
本を読み聞かせる機会	.17	.18＊	−.06
配偶者の育児協力機会	.17＊	.15	.05
公園に連れていく機会	−.04	.03	.18＊

＊:p<.05

この結果は、養育者が子どもにかかわる際のかかわりの質が、その後の社会能力の発達に影響するという点で同じ方向性を示しています。この研究結果を、子どもと養育者を支援する専門職の視点からみると、養育者の日常的なかかわりの質が良好であるよう、かかわりの力を引き出すよう支援していくことが専門職として大切であることがわかります。子どもの社会性の育ちを、養育者のかかわり行動が育んでいるということが科学的に確認されたことは、専門職が養育者を支援する意義を示しているともいえます。

②質の高い保育教育利用の効果

パートナーや友人から得られる支援などはインフォーマルな支援といえますが、それに対して園を利用し保育教育専門職によるケアを受けることは、フォーマルなサポートです。ここでは、園を利用する養育者と家庭で子育てする養育者を対象として比較した研究と、園を利用する効果についての研究を紹介します。

先行研究では、就労などの社会的環境や子どもに対する「コントロール不能感（子どもの状態が自分の手に負えないという感覚）」などの要因があると養育者のストレスが高まることが指摘されており（村上他 2005）、就労しながら子育てする養育者の抱える育児の負担感や困難感が懸念されています。

逆に、パートナーや園の先生・友人らのサポートが多いほど育児に対する「負担感」が低くなり、配偶者からのサポートがあることは「育て方への不安感」をも低減させることもわかっています（荒牧・無藤 2008）。私たちの研究でも、パートナーの育児協力を得られる場合に、三年後の母親のストレスが低くなる傾向が確認されており（飯島他 2022）、配偶者の育児協力が養育者のストレスに関連することが明らかになっています。

日常的なかかわりや、養育者へのサポートが子どもの社会能力の発達に影響することはすでに紹介しましたが、保育の効果を検討するうえで、養育者が就労やその他の理由で園を利用しながら子育てしている場合と、家庭で保育している場合とで、子どもに対するかかわり行動の違いを検討することが必要です。

実際に、両者を比較したところ、園を利用する養育者は、家庭で子育てする養育者と比較して、子どもをたたくなどの不適切な行動が少ないという特徴がみられました（図6－6）。

また入園後の養育者と子どもの変化を追跡調査した結果では、入園一年後には、不適切なかか

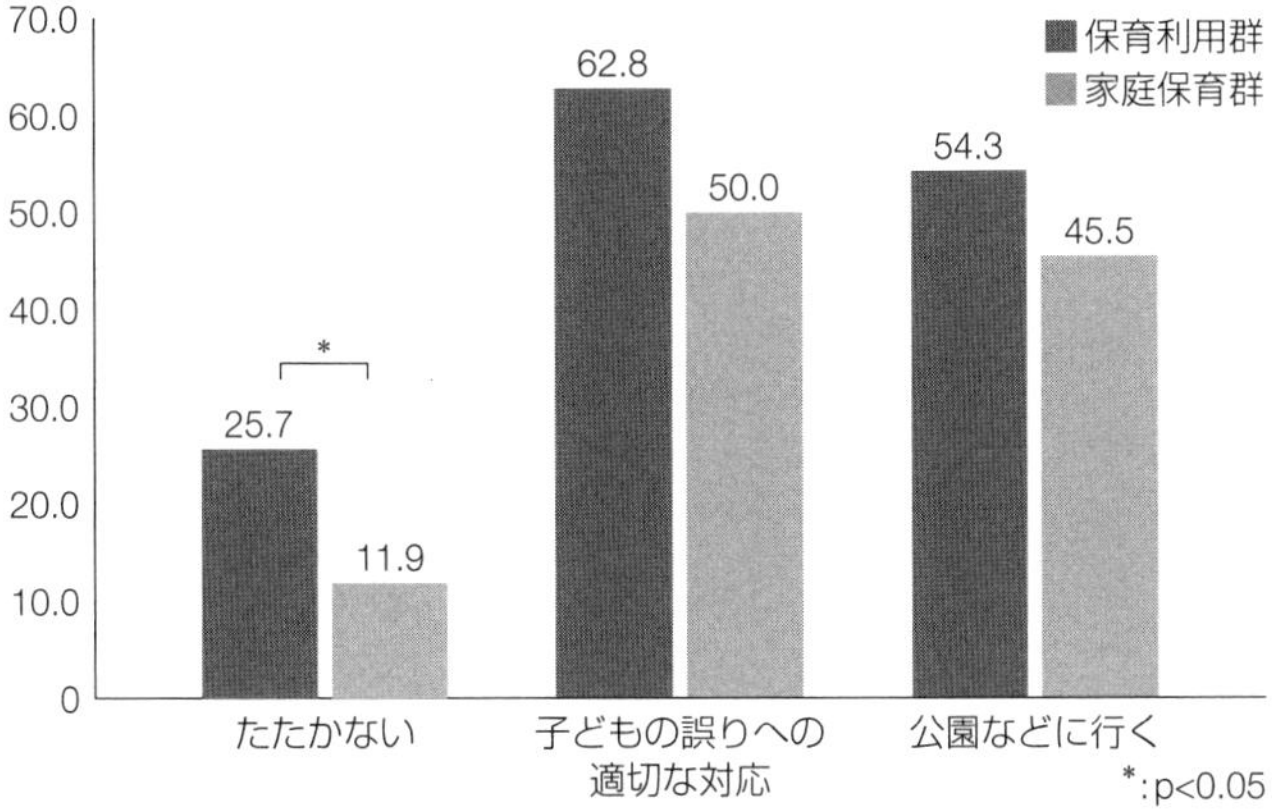

図 6-6　保育利用群と家庭保育群の比較

わりをしていた養育者の多くに改善がみられました。

子どもと遊んだり、本を読み聞かせたり、歌を歌うなどのかかわりが乏しい養育者のうち、一年後には六六・七%、五三・四%、六一・二%がより豊かにかかわるよう変化していました（図6-7）。とくに、「たたく」と回答した六一・四%の養育者が、一年後にはたたかなくなっていました（図6-8）。そして、育児の相談者が「いない」と回答した養育者の半数以上が相談者のいる状態になり、子育てに関する自信喪失が「よくある」と回答した養育者の半数以上は、一年後に改善していたのです。

さらに、養育者の「たたく」行動を変化させる要因についても検討しました（図6-9）。すると、「配偶者と子どもの話をする機会が増える」「本の読み聞かせ機会」「一緒に歌を歌う機会」「公園に行く

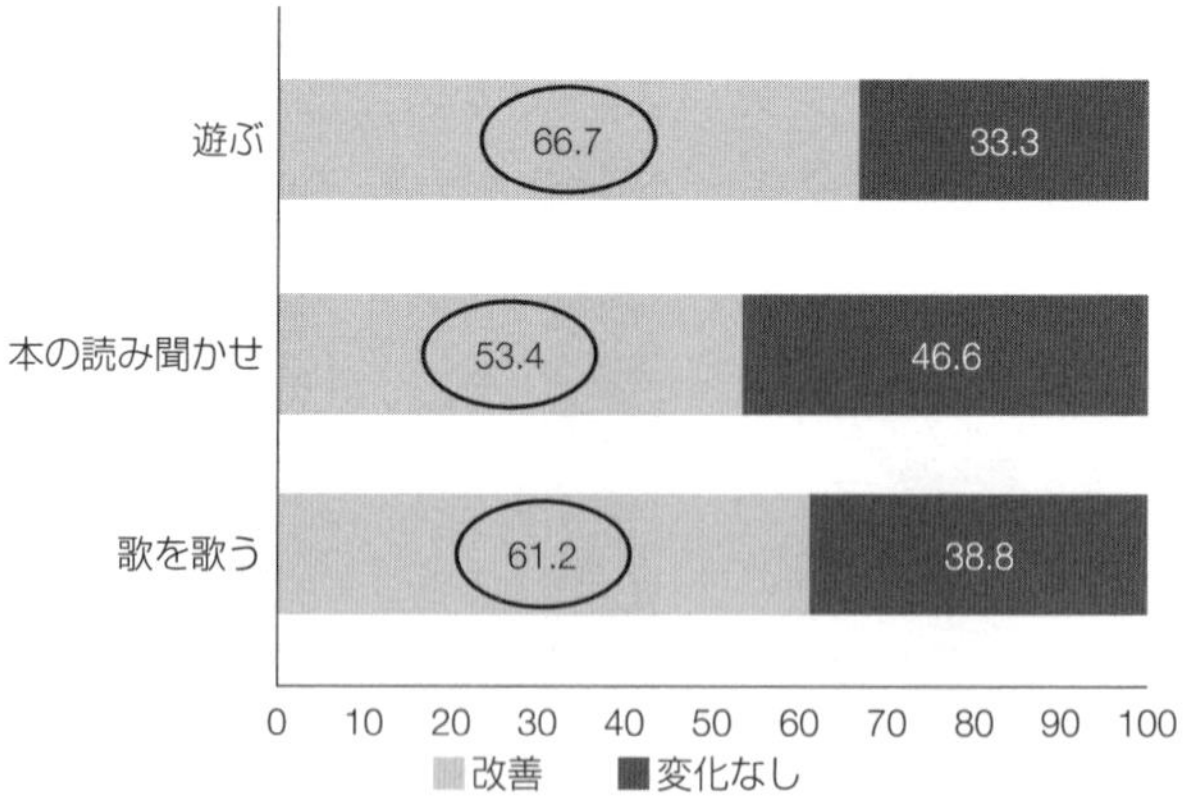

図 6-7　質の高い保育教育を利用する養育者のかかわりの変化

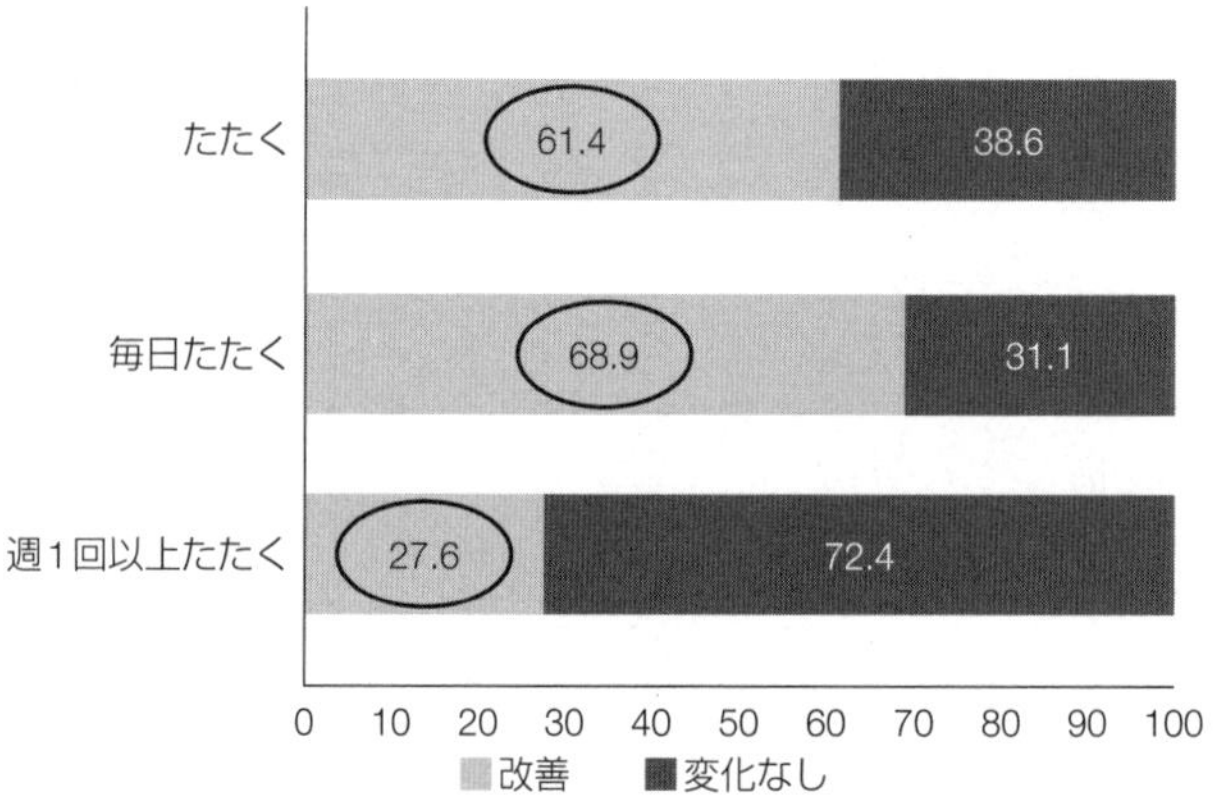

図 6-8　園の利用による養育者のたたく行動の改善

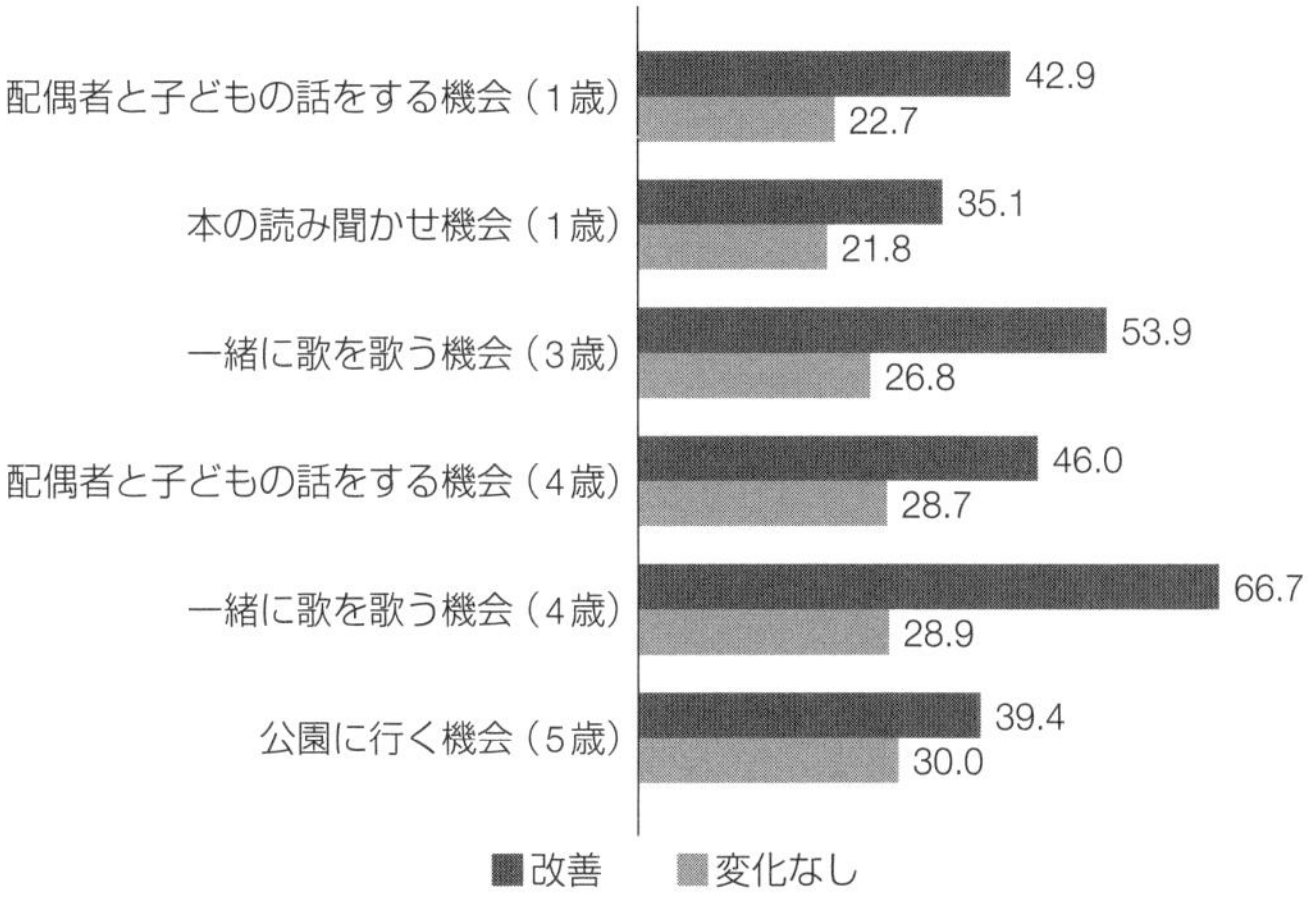

図6-9　養育者の「たたく」行動を変化させる要因

機会」などが改善すると、たたかない子育てにつながることが示されました。

つまり、「質の高い保育教育」は、家庭における「かかわりの質」を高め、子どもの育つ力、養育者の子育て力を高めていることがわかりました。子どもを育てる家庭の状況はさまざまで常に変化しており、必要な保育教育の時間や形態も多様です。だからこそ、保育教育の提供される時間や形態、場所ではなく、その質、「保育教育の質」「かかわりの質」がますます重要であることがわかります。

これらの研究成果から、保育教育専門職と養育者のパートナーシップは、園で過ごす時間にとどまらず、子どもが育つ基盤である「家庭で過ごす時間の質」にも良い効果をもたらすことを示しているといえます。

(2) 幼児期のかかわりと学童期青年期への効果

①乳幼児期のかかわりと学童期の社会適応の関連

乳幼児期における養育者の子どもに対するかかわりが、その後の子どもの健やかな育ちにおよぼす影響を検討するために、追跡調査を行いました。保育教育を利用する子どもたちを追跡した全国調査のデータと、ある地域の子どもと養育者を含む全住民を追跡した調査のデータを用いて、分析をした結果を紹介します。

全国調査のデータ分析では、就学前の子どもと養育者を対象としているデータベースを用いました。一九九九〜二〇一六年の五万件超のデータから、社会的かかわりが一年後の子どもの社会適応にどのような影響をおよぼしているか、統計解析（単変量、多変量ロジスティック回帰分析）を用いて検討しました。

地域で生活している住民を対象とした調査では、二〇〇〇〜二〇一七年のデータ約一〇〇〇件を用いて、乳幼児期の社会とのかかわりが学童期の社会適応にどのような影響をおよぼすかを、同様に検討しました。この調査では、二〇〇〇年、二〇〇三年、二〇〇六年、二〇〇九年、二〇一一年、二〇一四年、二〇一七年に、それぞれ対象となる家庭にアンケート用紙を届け回答してもらう形で、データを取得しました。

この研究では、育児環境指標（安梅）の社会的かかわり項目を社会的かかわりとし、就学前の子どもの社会適応については、社会的スキル尺度（篠原ら）を用いた社会性得点と園への適応から得点化しました。それぞれ、得点の高い順に並べて下位二五％タイル値以下をリスクとして統計解析を行いました。

学童期の社会適応は、Strengths and Difficulties Questionnaire（ＳＤＱ）を用いた向社会性得点とストレス反応を把握して得点化し、同様に下位二五％タイル値以下をリスクとして統計的な分析をしました。

乳幼児期の社会的かかわりを説明変数（理由となる要因）、その後の社会適応を目的変数（結果となる要因）、対象属性を調整変数として投入した多変量ロジスティック回帰分析の結果、買い物に行く機会が乏しい場合、一年後の園への適応リスクが二・六倍高く示されました。同年代の子どもをもつ知人との交流機会が乏しい場合、学童期の向社会性リスクが三・八倍高く示され、買い物に行く機会が乏しい場合は、一・七倍、公園などに行く機会が乏しい場合は二・四倍、学童期のストレス反応が高まる傾向が示されたのです。（図6－10）。

このように、一八年間におよぶ二つの調査データを用いた結果から、乳幼児期のかかわりが就学前と学童期の社会適応におよぼす影響を検証した結果、乳幼児期の社会的かかわりが良好であることは、学童期におよぶ子どもの社会適応のリスクを軽減する可能性を意味しています。

たとえば、赤ちゃんの時から、高齢期になってからも、どの年代であっても安心して外出した

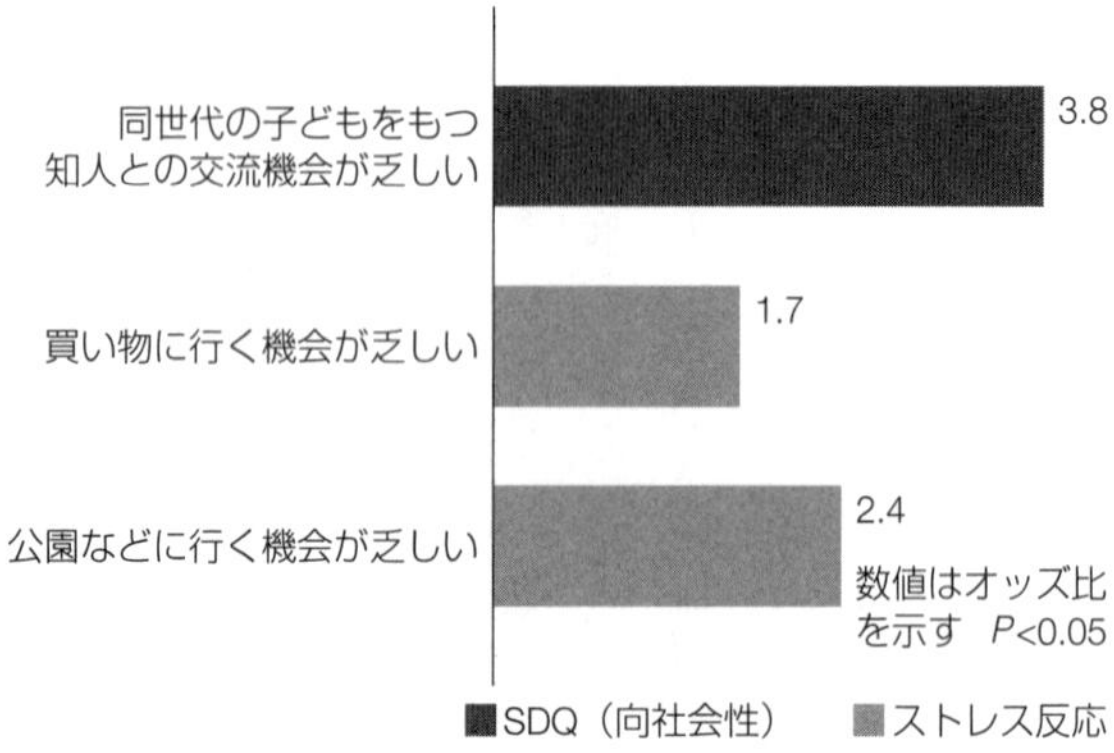

図 6-10　学童期の社会適応に影響する要因

り、他の人と交流できる居場所を創ること、フォーマルあるいはインフォーマルな形で、みんなが共に多様性に配慮した社会環境を整えていこうとすることは、子どもの社会性を育むうえで、早期支援や予防につながる可能性があります。

実際に、経験豊かな専門職が不登校などの悩みを抱える子どもや養育者の相談に応じることや、アフタースクール事業など子どもの放課後の居場所づくりなど、乳幼児期にとどまらず、学童期以降も子どもと養育者を支援する取り組みが、自治体や、地域の福祉施設、企業や民間のＮＰＯにより行われています。

保育教育にかかわる子育て支援機関においても、乳幼児期に培われた子ども、家族、地域との関係性を基盤として、卒園児の心身の不調や不登校などの悩みが養育者や子ども自身から相談される状況は以前から多くあり、中にはフリースクールの設立につながる、自然体験を重視したプロジェクト型教育など、子どもの主体性と家族のウェルビーイングを目指す取り組みなどが、地域のつながりの中から生まれています。

学校と地域のもつ資源が有機的につながる事例や、子どもに安全と豊かな体験を提供したり、子どもの自己肯定感を育み、養育者の就労と育児への困難感を支える仕組みは、地域の中で少しずつ広がっています。多様な技術や経験、素晴らしい個性をもつ、地域に暮らすシニア世代や、異なる文化的背景をもつ人々がかかわることで、未来をひらく次世代の子ども、若者の居場所づくりから、次に親になる世代が子育てをしながら生き生きと活動できる地域づくりにつながります。

しなやかに発展を続けるさまざまな取り組みの根拠として、人々の一生にわたる発達の視点をもつ、ライフコースアプローチを用いた研究が有効です。生まれる前の妊娠期から乳幼児期、学童期を経て青年期以降にまで、人々の心身の健康と発達、ウェルビーイングの変化を追いかけ、その要因を検討する研究から、私たちの活動の指針となるさまざまなヒントが得られます。

研究を通じて、乳幼児期の環境と長期的な社会適応および健康の軌跡との相互作用を検証することにより、実効性の高い地域子育て支援システム構築につなげていくことが期待されます。

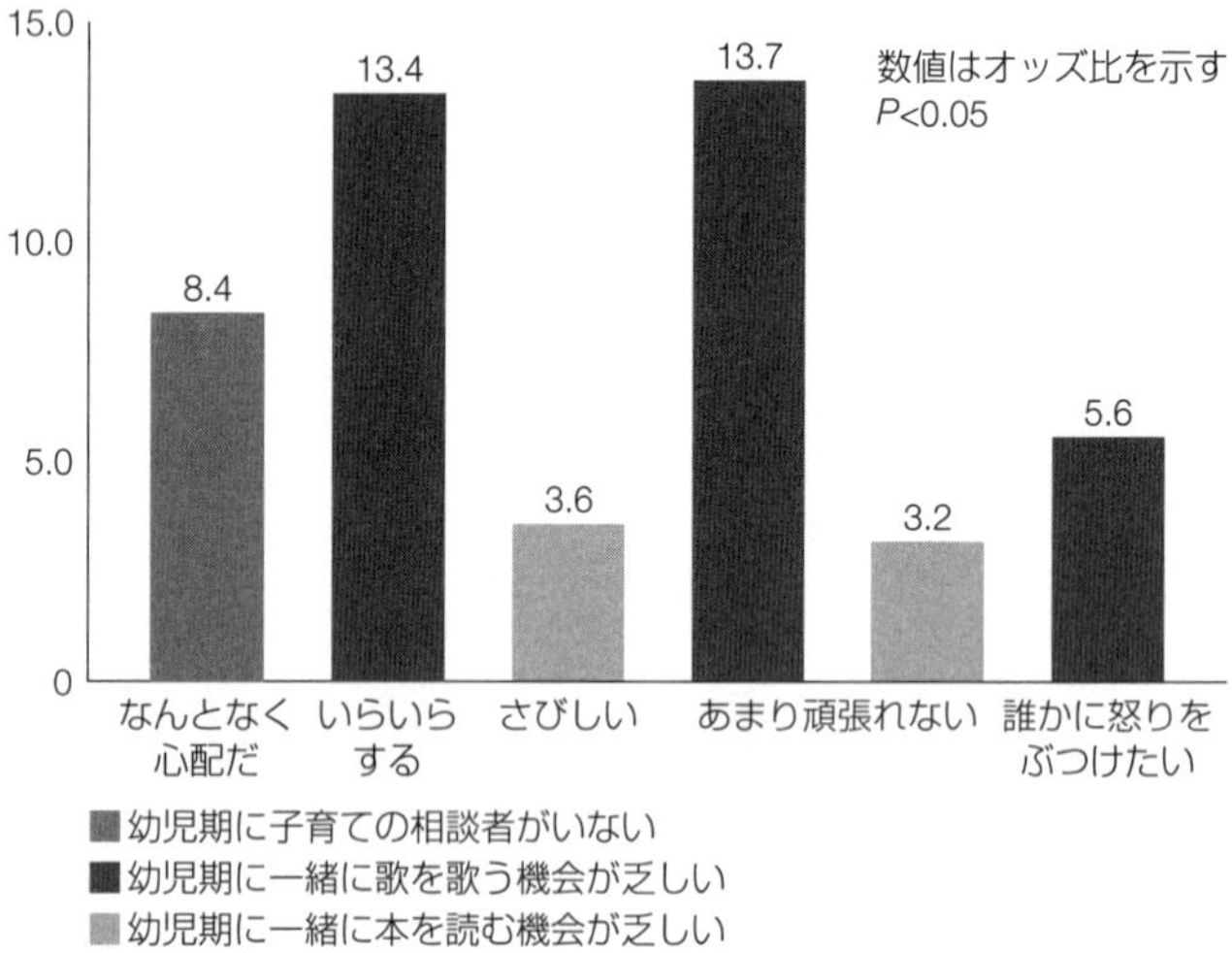

図 6-11　学童期の子どもの育ちに影響する幼児期の要因

②夜間におよぶ質の高い保育教育の利用がもたらす効果

夜間におよぶ保育教育が子どもの育ちにどのように影響するか、卒園後の育ちを調べて検討した研究の結果を紹介します。保育教育の長期的な影響を調べるために行った調査の結果では、子どもたちの健やかな育ちに影響していたのは、やはり、園を利用した時間や形態ではなく、家庭でのかかわりの質や、養育者に相談相手がいるかどうか、ということでした（図６－11）。

学童期に日ごろの気持ちを尋ねたところ、「なんとなく心配だ」と回答した子どもは、幼児期に養育者に「子育ての相談相手がいない」場合に、そうでない場合と比較して八・四倍高い傾向を示したのです。同様に、幼児

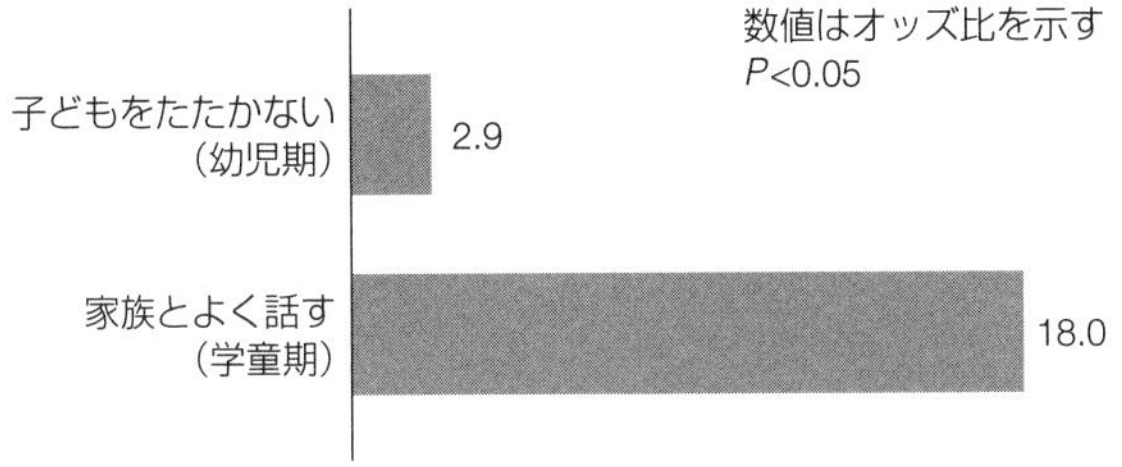

図 6-12　学童期の子どもの不機嫌・怒り感情に影響する要因

期に「子どもと養育者が一緒に歌を歌う機会」が乏しい場合に「いらいらする」「あまり頑張れない」「誰かに怒りをぶつけたい」といった怒りの感情を抱く傾向や、ものごとに集中しづらい傾向がより高く示されました。幼児期に「子どもと養育者が一緒に本を読む機会が乏しい」場合、学童期以降に「さびしい」という抑うつ的な感情や、「あまり頑張れない」という集中しづらさを訴える傾向がより高く示されました。乳幼児期に日常的な家庭でのかかわりの質を支援することが、学童期以降に続く、子どもの健やかな育ちを支えると考えられます（図6－11）。

また、子どもの回答から、「不機嫌・怒り」の感情に関する回答をまとめ、五〇％タイル値で二つの群に分けて影響する要因を検討したところ、幼児期に「たたかれていない」こと、現時点で「家族とよく話す」場合に、それぞれ「不機嫌・怒り」という反応が低くなる傾向が示されました（図6－12）。

長期間子どもたちを追跡した研究から、保育教育施設を利用する時間の長さや時間帯にかかわらず、養育者の困難感に寄り添い、子どもにとって大切な環境を保障することが「質の高い保育教育」であること、質の高い保育教育の利用は、子どもと家庭の力を引き出すことが示されています。

さらに、「質の高い保育教育」は、乳幼児期のかかわりの質を高めることにより、専門職の目の前で過ごしている子どもたちの「日々の成長」を保障し、「将来にわたる健やかな育ち」を保障することを、これらの研究は示しています。

保育教育に対するニーズが高まり、幼児教育無償化が議論される今こそ、質の高いケアを提供する仕組みを普遍化するアイデアと取り組みが必要です。保育教育に携わる専門職が培ってきた子ども支援と養育者支援の技術を、質の高い保育を必要とするすべての子どもと養育者に提供できるよう、社会の中で知恵と力を合わせることが、子どもたちの豊かな未来を守ることにつながります。

(3) 保育パワーアップ研究会の取り組みの効果

子どもと養育者を支える多様な保育教育への期待が高まる中、その内容においても、質においても格差があることは、養育者だけでなく保育教育に携わる専門職にとっても大きな懸念です。夜間長時間におよぶ保育教育の質向上への取り組みからスタートした保育パワーアップ研究会では、どのような仕組みが継続的、普遍的な保育教育の質向上の仕組みにつながるかを考えるために調査研究を行いました。

これまでの経験を質的に整理し、夜間におよぶ質の高い保育教育を展開するうえで欠かせない点と質の高い保育教育の普及に向けた方向性を明らかにした研究について紹介します。とくに夜間におよぶ保育教育に関して、ベビーホテルから認可園まで大きな格差があるという社会の現状に対し、保育パワーアップ研究会として子どもの健やかな育ちを保障する、夜間におよぶ保育の質向上の普遍化に向けたシステムづくりに貢献したいと考えたからです。

具体的には、平成二九年に、夜間におよぶ保育に携わる子育て支援専門職一〇名を対象としてフォーカス・グループ・インタビュー調査を実施し、得られた結果を質的に整理しました。フォーカス・グループ・インタビューは、ある共通点をもつ人々で小規模のグループをつくり、グループに対してインタビューを行う調査法です。

インタビュアーから参加者に対して、自由に発言をしてもらい、グループでの対話を促す形式をとり、一〜二時間程度で行われることが多い方法です。特徴としては、グループだからこそ生まれる相互作用や集団力学（グループダイナミクス）を活用することにより、他のメンバーの「なまの声」が参加者同士の議論を活性化し、一人だけでは生まれにくい、より幅広い意見やアイデアを、比較的短い時間で集めることができます。

この調査では、約一時間半のグループインタビューで、「夜間におよぶ質の高い保育教育を展開する上で欠かせない点」と、「質の高い保育教育を普及するために何が必要か」という二つのポイントにしぼり、参加者からの意見を得て、質的に整理しました。

実際に、専門職のなまの声に基づき検討した結果は、『個』と『環境』の二つの領域から意見が得られました。

『個』すなわち個々の職員のかかわりとして欠かせない点としては、「安全、安心、衛生の保障」「遊びと教育」「子ども自身の情緒を安定させること」「地域性を反映した支援サービス提供」「個別的な支援ニーズ理解」「親子の関係性への理解と支援」「ファミリーウェルビーイングの観点」などが語られました。

安全、安心、衛生の保障では、具体的に「今の水準で最低限であり、これ以上落としてはならない」という危機感が語られ、安全、安心、衛生がまず全体的に広がり、基盤として担保されることが必須であること、その先、そのうえに保育教育の質が積み重ねられていくことが語られました。

「保育の中に教育がありそこから小学校以降の学びにつながる」という考え方をすべての専門職がもつこと、そのうえで日常的な保育教育が展開されることの必要性、子ども自身の情緒が安定できるようかかわることが述べられました。

「地域性を反映した支援サービス提供」として、支援ニーズには地域差があること、外国籍につながる養育者と子どもへの支援や、状況変化の激しい家庭など、その地域の状況を専門職自身が知り、子どもと養育者自身が力をつけることができるよう、「親子の関係性への理解と支援」が重要であることが語られました。

その中では、「子の環境である親を、まずありのままに受け止める」「親が幸せにならないと、子どもは幸せになれない」「子どもと家庭の自立を支援していく」という、子どもだけではなく家族全体の健やかな幸せを支援する「ファミリーウェルビーイングの観点」が欠かせないことが、保育教育に携わる専門職の長年の支援経験に基づき述べられたのです（表6－3）。

『環境』すなわち、保育教育的なかかわりを支える環境づくりの側面からは、「保育教育の専門性向上」「保育教育の質に関する水準維持」「緊急時のバックアップ体制構築」「人材確保、人材育成」「夜間におよぶ保育教育の根拠」「地域および社会との協働」の重要性が語られました。

乳幼児であっても、園を「外」と認識し家庭とは異なる顔を見せることとは、「家では全然食べようとしない野菜を、園では他の子と一緒に食べている」などの姿からよく知られています。一方、夜間におよぶ保育教育の特性から、子どもは園で過ごす時間が長く、外向きの顔ばかりを維持するのは難しいことから、自然と子ども本来の姿を見せる機会が多くなります。

家庭の状況から受ける子どものストレスが高い場合など、家庭状況を把握したうえでかかわる必要性や、昼間とは違う対応力が求められる現状から、保育教育の専門性を向上する環境整備、

【個の領域】

重要カテゴリ	重要アイテム
安全、安心、衛生の保障	今の水準で最低限これ以上落としてはならない、不潔で子どもの安全を守れていないベビーホテル、子どもの最低限の権利を守れていないような実態のところは問題。安全、安心、衛生、がまず全体的に広がり、その先に保育の質がのってくるのかな
遊びと教育	保育の中に教育はある、しっかり遊んで自分でものを考えられるよう、そういう小学校以降の学びにつながるように目指してやっている、等
子ども自身の情緒安定	子どもが本当の姿を見せる、居心地の良い場所、穏やかに生活できる場から、情緒安定に。子どもたちが兄弟みたいに長い時間過ごしている環境を
地域性を反映した支援サービス提供	支援ニーズの地域差、過剰にならない支援の見極め、ひとり親家庭、家庭に事情を抱えている人、外国籍の家庭、状況変化の激しい家庭等
親子の関係性への理解と支援	保護者が育児の主役で私たちはサポート、保護者と子どもの時間をどうやって作るかという工夫、小学校に行ってからの働き方、上司との付き合い方、子どもの居場所、子どもと保護者自身が力をつける
ファミリーウエルビイーングの観点	親が幸せにならないと子どもは幸せになれない、子どもと家庭の自立を支援、子の環境である親をありのままに受け止める

【環境の領域】

重要カテゴリ	重要アイテム
保育教育の専門性向上	子どもが園で過ごす時間が長い、子どもが本当の姿を見せる、家庭状況を把握した上で保育する必要性、昼間とは違う専門性と対応力が必要
保育教育の質に関する水準維持	これ以上規制緩和等で基準を下げると安全が守れるか疑問、自動的に仕事を長くやってしまえる環境で、疲れが蓄積しやすい。園生活に必要な費用、保育士の負担感、保育の質に関する水準維持、子どもの最善の利益と同時に保護者の利益、働く職員の満足のバランスの取れた保育園づくり
緊急時のバックアップ体制構築	休日夜間の緊急時バックアップ体制がない。夜間は役所が閉まっていると判断を仰げない。保護者の事故など何かあった時の引き取りの問題
人材確保、人材育成	保育士人数の増加。保育所の職員配置の基準が昼夜同じでは立ち行かない、夜間保育所に勤める保育士への偏見（保育士の親を含む）。職員の成長を支える、評価する仕組み
夜間におよぶ保育の根拠	ベビーホテル利用ニーズ調査、学術的調査、その後の育ちへの影響、保育の影響や効果
地域および社会との協働	相互理解促進、夜間保育への偏見、認識差解消、保護者や社会との相互理解促進、地域での夜間保育園認知が共助の前提、夜間保育あるある発信など情報発信、放課後の居場所、既存資源（子育て支援員やコンシェルジュ等）の活用など

表 6-3　夜間におよぶ質の高い保育教育の展開と普及に向けたニーズ（なまの声）

支援が欠かせないことがあげられました。

また、保育教育に対するニーズが高まり、受け入れ量を拡大するために、保育教育にかかわる職員の要件や物理的環境などさまざまな規制緩和が行われる中で、ケアの担い手である保育教育専門職の負担軽減も含めて、安全を守ることのできる水準を維持することが語られました。

あわせて、休日や夜間も保育教育を行う実態から、緊急時の自治体との連絡や事故など有事の対応などバックアップ体制を整備するニーズ、夜間長時間および保育教育の特性から、昼夜同じ職員配置基準では十分なケアが困難であることや、夜間長時間におよぶ保育教育を行う施設で働く専門職や、利用する養育者、子どもに対する偏見が人材確保の妨げになっているという懸念、職員の成長を支え、評価する仕組みが必要であること、ニーズ調査や学術的調査などにより夜間におよぶ保育教育の根拠が示されること、地域および社会との協働が欠かせないことが語られました。

このように、夜間におよぶ質の高い保育教育すなわち子どもに対するケアの展開と普及に向けたニーズを、豊かな実践経験をもつ専門職のなまの声から質的に検討しました。その結果から、多様なニーズをもつ子どもと家庭に対して、質の高い保育を展開していくために必要なことが見出されたのです。まずは、**子どもと養育者の関係性を含む、個々の支援ニーズを理解すること**であり、同時に、**保育教育に携わる専門職や園経営への支援**、そして**地域と社会の理解を促進し協**

働していく共創ウェルビーイングの取り組みの重要性が、質的な調査研究から示されました。

この研究で得られた当事者のなまの声は、保育パワーアップ研究会が取り組む学術的な研究と、専門職支援のための活動に活かされています。夜間長時間におよぶ子どもへのケアに関して、長年にわたる取り組みから培われてきた、子ども支援と養育者支援の本質を踏まえた思考や、手段を用いた技術があります。それらを、質の高い保育教育を必要とするすべての子どもと養育者に提供するために、メンバーで知識とスキルを共有し、互いに学び、支え合うことでさらなる進化を目指し、活動を続けています。

夜間長時間におよぶ保育の質を向上する普遍的な仕組みづくりというビジョンは、子どもと家族をエンパワメントする保育教育専門職のスキルアップや、支援者を支援する双方向的な研修、学び合い支え合うコミュニティづくりといった保育パワーアップ研究会の活動につながっています。子どもを真ん中に、子どもの健やかな育ちを育む活動は、保育教育に限定するものではなく、地域社会の中で生活するあらゆる世代の人々が幸せになる活動とつながっています。

得られた研究成果や、研究会の活動は、たとえば災害に対応し、減災を目指す地域の取り組みや、多世代交流の力を活かした地域の活性化など、他と連携し、関連した課題に活用することができます。保育教育に限定せず、多様な人々の参加は互いに良い刺激をもたらし、すべての子どもたちの保育教育の質向上と共創ウェルビーイング実現に貢献することが期待されます。

3 共創ウェルビーイング実現のコツ

(1) 子どもの声に耳を傾ける

子どもの権利を守ることは、すべての人のウェルビーイング実現に欠かせません。二〇〇五年に採択された国連子どもの権利委員会では、「乳幼児期の子どもの意見および気持ちの尊重(respect for the views and feelings of the young child)」が重要だと述べられています。乳児であっても、泣き声やほほえみによって自分の感じている心地よさや不快感を表していることを、保育教育専門職の多くは知っており、日常的な保育の中で大切にしています。保育専門職が、子どもの声に耳を傾け、個人としての子どもの視点を大切にすることが、子どもの尊厳を守り、「自分は尊重されている、大切な存在なのだ」と感じられる経験の積み重ねを通じて、自己肯定感を育み、自分も他者も大切にすることにつながります。

子どもの声に耳を傾け、子どもの行動の背景にある思いに気づくことが、子ども主体の保育につながります。

(2) 違いを認め合い、受援力を高め、共にパワーアップ

好きなこと、苦手なこと、食事や着るもの、遊びなど人それぞれに違い、家族の形や、主に話す言葉、文化や価値観もさまざまな世界で、私たちは暮らしています。さまざまな違いを知り、尊重することが、自分と他者を大切にすることにつながります。

受援力は、助けを求めたり助けを受けたりする心構えやスキルのことです。災害分野では被災地側がボランティアの支援を上手に受け入れられるように、東日本大震災をきっかけに知られるようになってきました。保育パワーアップ研究会のエンパワメント支援ツールの中には、他者に気持ちを伝える、他者を助ける、など受援力に関連したものがたくさんあります。

子どもも、養育者も、専門職も、違いを認め合いながら、困った時には助けを求める力を高めていくことは、助けを求められた時に手を差し伸べる力も高めていきます。子どもたち同士、養育者同士、子どもと大人のかかわりなど、一方的ではない、互いに影響し合う関係性の中で、違いを尊重し、目指す未来に向かって共に参加することが、力を引き出し合う関係づくりにつながります。専門職自身がエンパワメントされ、共にパワーアップすることが質の高い保育の提供につながり、養育者のエンパワメントと子どものエンパワメントにつながり、共創ウェルビーイング実現の鍵です。

(3) 科学的根拠を味方に、多職種で連携し、より良いコミュニティをつくる

科学的根拠は、実践の中にある事実を、科学的に妥当な方法で検証することで生まれる、共創の賜物です。エンパワメント支援ツールを活用し、科学的根拠を味方につけることは、多職種で理解できる共通の言葉を得ることでもあります。専門職としてこれまで大切にしていた保育教育実践と科学的根拠をすり合わせることで、支援の根拠を自分たちの言葉で他の職種や行政の担当者にも説明できるようになります。

子どもと養育者のウェルビーイングを支えるネットワークには、保育教育専門職以外にも、地域の人も含め、さまざまな人がいます。それぞれの役割やできることを知り、多職種で連携することは、子どもと養育者を中心にした支援につながります。

また、子どもと養育者への支援に限定される必要もありません。連携の輪が、あらゆる世代を対象とした地域の専門職や、企業の取り組み、NPOや住民リーダーとして地域の中で活躍する多様な人々に広がることで、より良いコミュニティづくりにつながります。

(4) 共創ウェルビーイングがもたらす相乗効果

保育パワーアップ研究会では、人は誰もがすばらしい力をもって生まれてくる、そして生涯すばらしい力を発揮し続けることができると考えています。

保育教育に限定せず、障がいのある方と共に生きる地域づくりへの支援者や、地域全体の健康づくりにかかわる専門職など、多様な背景や経験をもつメンバーが、実践の場の悩みや思いをもち寄り、解決に向けて知恵を合わせて活動しています。自分と他者、そしてとりまく環境に心を配り、課題解決へのアプローチ方法を共につくりあげる共創ウェルビーイングは、日ごろのケアの中から生まれる悩みや疲労感を、より良い未来に向かうためのスキルアップの喜びと活力に変えることができます。

互いのかかわり合いを通じて、夢や希望を与え合い、勇気づけ、人が本来もっているすばらしい生きる力を湧き上がらせ、顕在化させて共創ウェルビーイングを実現していくために、これからも一緒に活動する仲間の輪を広げていきたいと思います。

研究会への参加を、いつでもお待ちしています。ぜひ、一緒に活動しませんか?

［第6章担当：田中笑子・冨崎悦子・田中裕・酒井初恵］

第7章

参加型地域づくりで健康増進！
――多世代を巻き込む「とびしまオリジナル体操」

1　共創スキルと共創コミュニティ

(1) 背景

急速な少子高齢化の進行、社会構造の変化に伴い、地域が住民の健康支援に果たす役割はますます重要となっています。厚生労働省は、高齢者の尊厳の保持と自立生活の支援を目的として、可能な限り住み慣れた地域で、自分らしい暮らしを人生の最期まで続けることができるようなかかわりを実現するために、地域包括ケアシステムの構築を推進しています。地域包括ケアシステムは自治体自身が、地域の自主性や主体性に基づき、地域の特性に応じてつくりあげていくことが必要とされています。

愛知県飛島村では一九九一年から多世代コミュニティ・エンパワメントに向けたコホート研究

を三〇年間継続し、すべての住民が生きる喜びを共に分かち合う地域づくりを目指しています。長期にわたる追跡調査を行い、根拠に基づき、住民のウェルビーイングと健康長寿を住民、行政、実践、研究が一体となって実現してきました。

ここではその取り組みの中から「オリジナル体操の創作と普及、効果検証」について紹介します。この取り組みは全住民の健康長寿の実現を目指して、多世代を巻き込む地域ぐるみの健康増進として、地域ボランティアを主軸として創作から普及まで、継続的に取り組んできたものです。

(2) 事業概要

当事者およびすべての関係者と共創ウェルビーイングへの道筋を共有するために、参加型地域づくりの取り組みを、エンパワメント支援設計図（安梅 2004）を用いて整理しました（図7－1）。

①成果

本事業の成果を大目標、小目標、達成時期、達成時期の評価法に分けて整理しました。

大目標を「全住民の健康長寿」「住民主体の健康づくり」「体操の創作と普及」、小目標を「住

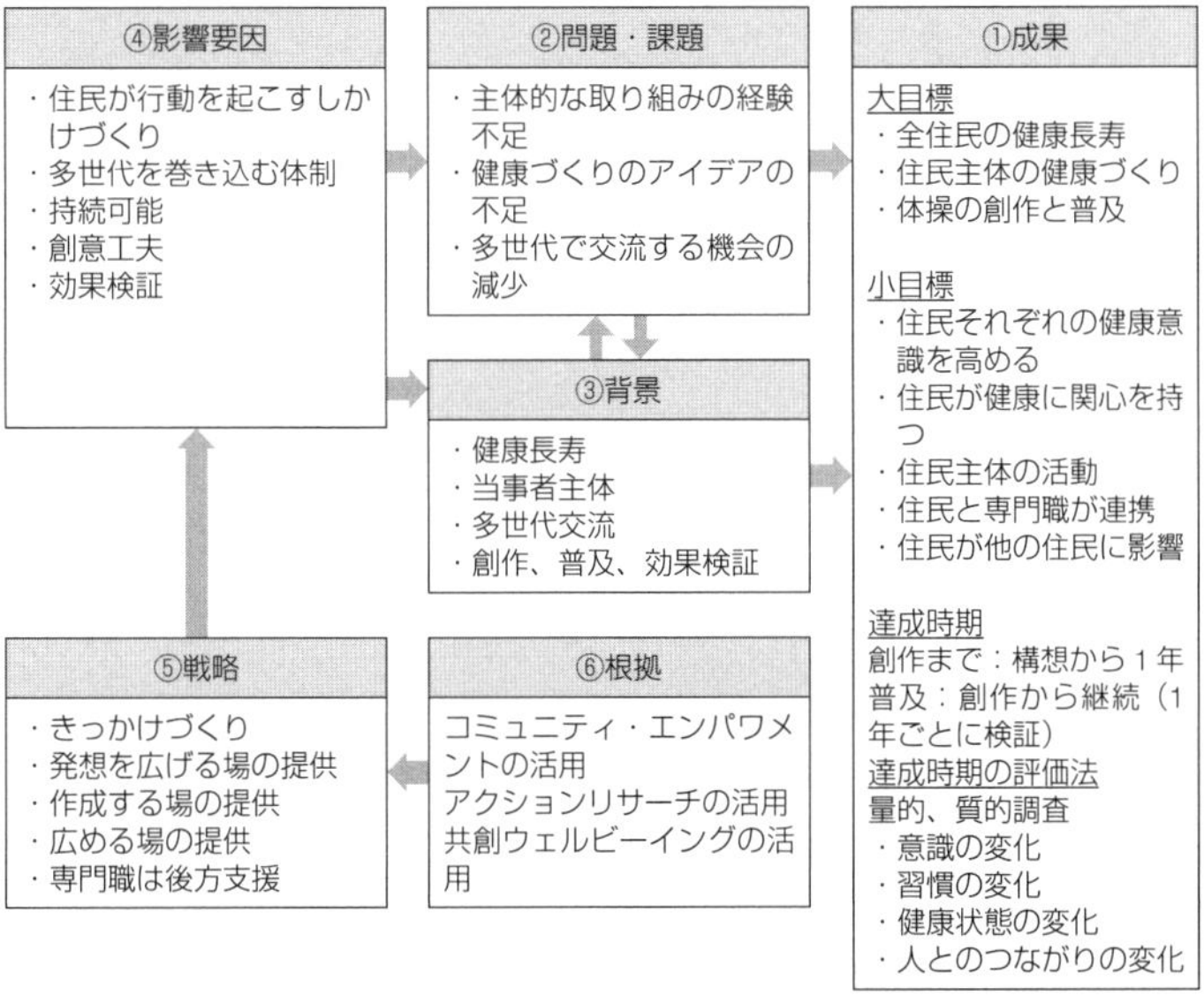

図 7-1　参加型地域づくりに向けたエンパワメント支援設計

民それぞれの健康意識を高める」「住民が健康に関心を持つ」「住民主体の活動」「住民と専門職が連携」「住民が他の住民に影響」としました。また、達成時期は「創作まで：構想から一年」と「普及：創作から継続（一年ごとに検証）」の二期に設定しました。達成時期の評価法は量的、質的調査を行い、注目項目を「意識の変化」「習慣の変化」「健康状態の変化」「人とのつながりの変化」として、体操づくりを通じて多様な変化が生じることを想定しました。

②問題・課題

問題・課題は、これまで健康づくり

に対して自治体からの受け身の体制であったことから「主体的な取り組みの経験不足」「健康づくりのアイデアの不足」、つながりの希薄化の影響を鑑み「多世代で交流する機会の減少」の計三項目としました。

③背景

背景は「健康長寿」「当事者主体」「多世代交流」「創作、普及、効果検証」をあげました。

④影響要因

影響要因を「住民が行動を起こすしかけづくり」「多世代を巻き込む体制」「持続可能」「創意工夫」「効果検証」とし、体制づくりから最終的な効果検証までを影響要因として設定しました。

⑤戦略

戦略として「きっかけづくり」から始めて、「発想を広げる場の提供」「作成する場の提供」「広める場の提供」と継続的に取り組める環境を提供し、「専門職は後方支援」を意識しました。

⑥根拠

根拠は「コミュニティ・エンパワメントの活用」「アクションリサーチの活用」「共創ウェルビーイングの活用」の三項目としました。

(3) 共創スキルとして生み出した技術、手順、考え方など

当事者として住民が自分たちの健康づくりの実現に主体的にかかわることができる仕掛けづくりは、住民の健康意識に変化をもたらしました。創作から普及まで、エンパワメントスキル、共創ウェルビーイングスキルを活用しながら、継続的な活動が可能となっています。つねに自分たちの健康を自分で獲得するという意識が、他者との協働の必要性を感じさせ、実施できたことがフィードバックされるという良い循環を創り出しています。

(4) 共創コミュニティとして生み出した仕掛け、組織、文化など

「自分たちでつくる」ことを活動の仕掛けとし、自治体のスポーツ推進委員と食生活改善推進員が中心となり作成する「住民の中にリーダーをつくる」という組織を形成し、住民の生活に根づいた普及活動として、地域のイベントの中に組み込み、活動を日常にしていくことで、少しずつ自治体の文化に溶け込ませることが可能になっていきます。

2 事例

(1) キラリとびしまのびのび体操とは

「健康とびしま21第二次計画」の重点課題となっている「健康長寿村の実現」を目指し、世代間交流と住民の健康化を実現するための仕掛けづくりとして作成されました。体操内容は、子どもから高齢者まで誰もが健康で楽しく、ふるさとを感じながら運動できることを目的としています。

キラリとびしまのびのび体操のアピールポイントは「スポーツ推進委員と食生活改善推進員が中心となり作成した」「運動の動きやタイトル、歌詞は住民の投票で決定した」「基本編（立位）と座位編があり、子どもからお年寄りまで一緒に楽しむことができる」です。

(2) 創作

創作は自治体でボランティア活動を行っている食生活改善推進員の発案で始まりました。この活動は同じく住民ボランティア活動を行っているスポーツ推進委員を巻き込み、住民代表の核となる住民リーダーとなりました（写真7－1）。

写真7-1　ボランティア住民リーダーの企画とファシリテーション

「仕掛けとして」創作過程でできるだけ多くの住民が参加し、かかわりながら創ることを通じて、住民および地域にとってかけがえのないものとして位置づけられるようにしました。体操の案の創作から決定まで住民主体で進めていくことを大切にしました。

具体的には住民リーダーは八種類五パターンの運動を創り、「体操選定会」を開催し、住民投票により基本バージョンを作成しました。選定会や公共機関への住民投票ボックスを設置し、取り入れたいフレーズを住民から募集しました。住民リーダーはその声を丁寧に拾い、統合させ、組み合わせてメロディを完成させました。完成した体操は自治体の体育祭において住民と一緒に体験しながら披露し、普及へとつなげました。

創作活動を通じて住民リーダー自身がエンパワメントされ、リーダー同士で共感し合うことができまし

写真 7-2　自治体体育祭での多世代共創ウェルビーイングの様子

た。さらに、高齢者バージョンや子どもバージョンなどへと発展させたいという声が住民から上がり、発展をとげています。またその取り組みを通じて、専門職が影響を受け、住民の熱に動かされる形で取り組みを前に進めることができています。

(3) 普及

住民の生活に根づいた普及活動と、媒体を活用した普及活動を行いました（写真７－２）。

住民の生活に根づいた普及活動では、地域の祭りで披露する機会をつくる、地区の一斉清掃時や老人クラブの集まり、保育所（園）・小・中学校内での活動で体操をする機会をつくるなど、生活に根づいた場所・行事等の機会を活用し、繰り返し実施し定着を図りました。

媒体を活用した普及活動では、体操曲のオルゴールバージョンを作成し、毎朝の一斉放送で音楽を活用する、店舗や施設のＢＧＭへの活用など日常的に耳にする機会を創出する、高齢者向けの口腔体操のＤＶＤを作成し介護予防事業に取り入れる、住民参加・実施による体操のＰＲ動画を作成し YouTube にアップする等の仕掛けづくりをしました。

(4) 効果検証（量的・質的）

普及活動の評価は全住民を対象とした質問紙調査と体操参加者や創作や普及にかかわった住民リーダー等へインタビュー調査を実施し、その分析結果をもとに住民リーダーを中心にさらなる活動の展開につなげることにしました。

質問紙調査

子どもから高齢者までの全住民を対象としてキラリとびしまのびのび体操の認知度や実施頻度を尋ねました。三三一四人の住民から回答を得ることができました。体操の認知度は六二・七％と住民の半数以上が知っていると回答しました。一方、実施率については年代によって傾向が異なっていました（図7－2）。子ども世代は週一回程度～一・三か月に一回程度実施している傾向がありましたが、成人や高齢者で体操を実施したことがない者の割合が六割を超えており、自

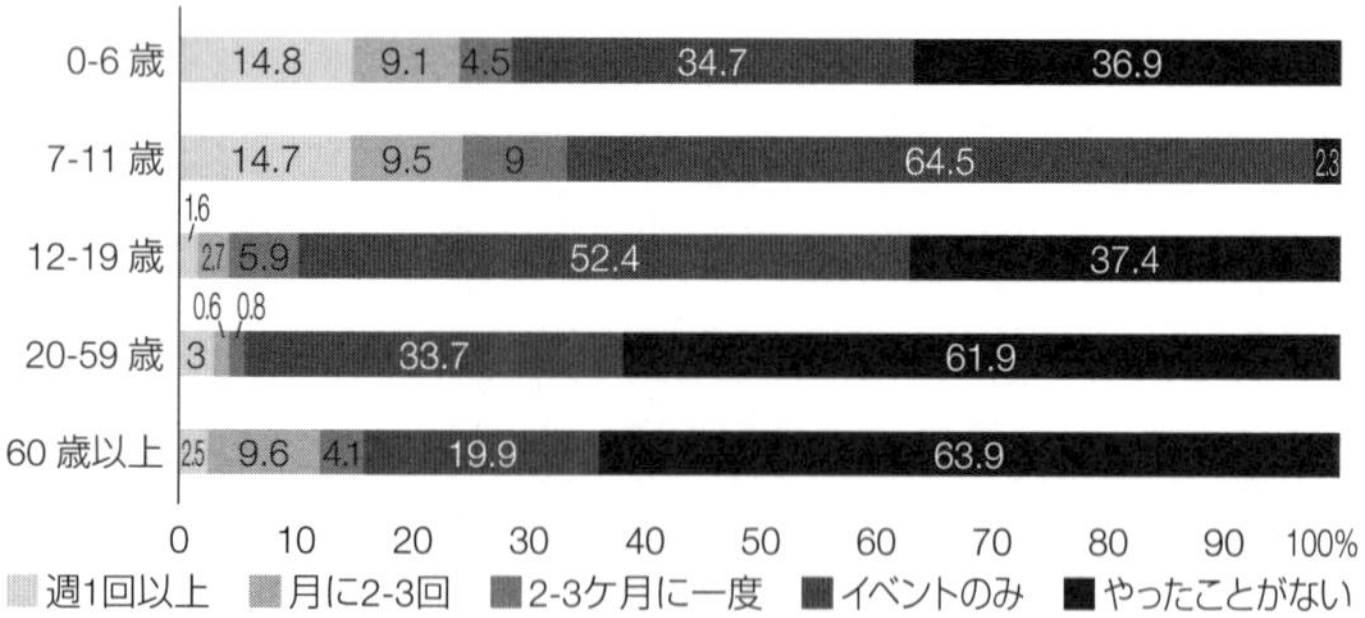

図 7-2　体操の実施頻度

治体のイベントや老人クラブなどに参加しない層への普及が課題となることがわかりました。

インタビュー調査

今後の体操普及活動の展開に向けて、住民や実施にかかわっているボランティアリーダーを対象に質的な調査を用いて整理しました。調査手法は生の声を十分に反映できるようにフォーカス・グループ・インタビューを用いました。調査期間は二〇一五年、二〇一六年、二〇一七年の三年間としました。各グループに体操に参加した感想やキラリとびしまのびのび体操普及へのアイデアについてたずねました。発言内容の分析は、ICレコーダーの記録から逐語録を作成し、重要アイテムの抽出、重要カテゴリーの分類を行い、質的内容分析を行いました。各年の発言の変化（キーワード）と生の声を以下に示します。

表7-1　キラリとびしまのびのび体操　一般参加者の感想

重要カテゴリー	重要アイテム		
	2015年度	2016年度	2017年度
体操への親しみ	楽しみ 取り組みやすさ 幅広い対象	楽しみ 取り組みやすさ 幅広い対象 地域の魅力	楽しみ 取り組みやすさ
効果の実感	身体効果の実感 粗大運動の機会	身体効果の実感 心の健康への効果	
交流の機会創出		家族間交流 住民全体の交流	
体操普及への実感		振りの定着	子ども世代や老人クラブでの普及の実感 認知度向上の実感
各世代への普及の期待			中年層への普及の必要性

〔一般参加者の感想〕

体操をする楽しみや取り組みやすさ、一体感を味わった喜びの声が多くあがりました（表7－1）。

二〇一五年度：「楽しくできた」「小さい子からお年寄りまでやれる」「これまで体が悪くやれなかったが、座位があるのがうれしい、気に入っている」「体中が温かくなった」「ラジオ体操よりも体を使う、全身使ってやれてよかった」

二〇一六年度：「楽しかった、曲がいい、DVD楽しいから続けた方がいい」「難しくない、簡単でいい」「若い子から老人までできる」「舟をこぐ動作といった、地域の特性を取り入れているのがすごくいい」「汗が出てきたので効果があるように思う」「いろんなところを伸ばせる」「スカッとした」「子どもがしっかり覚え、親へ教えている姿が見られたのがよかった」「みんなで集まってやるのはいいと思う、去年と比べ一体感があった」「つい体が動いてしまうくらい定着」

二〇一七年度：「簡単で楽しく体操ができる」「孫が踊っていて親しみを持っている、二歳の子どもも踊れている」「小さな子も、高齢の方も、自然に体を動かしてくれる」「認知度が上がってきている（知人からYouTubeみたよと言われた）」「二〇代三〇代で認知度が低い、子どもたちはすごいが自分たちの世代は温度差を感じる」

〈住民リーダーの感想〉

体操普及にともない、さらなる活動の達成感を味わい、活動へのモチベーション向上につながっていました（表7－2）。

二〇一五年度：「楽しくできた」「三世代を通して各世代が一緒に体操をやっている姿を見て、『飛鳥はすごい！』と実感した」

二〇一六年度：「多くの村民の皆さんが体操を知っていることに気がつき、すごいと感じた」「認知度が上がってきているのを感じている」

二〇一七年度：「年々体育祭の飛鳥体操へ参加者が増えておりうれしい」「自分たちの結びつきが強くなったと感じ、活動への意欲がますます高まった」

表 7-2　キラリとびしまのびのび体操　住民リーダーの感想

重要カテゴリー	重要アイテム		
	2015 年度	2016 年度	2017 年度
体操への親しみ	楽しみ	楽しみ 取り組みやすさ 幅広い対象	楽しみ 取り組みやすさ 体操への愛着
交流の機会創出	住民全体の交流	家族間交流 住民全体の交流	多世代交流効果の実感
体操普及への実感		振りの定着の実感 体操普及への達成感や充実感	子ども世代や老人クラブでの普及の実感 認知度向上の実感 体操普及への達成感や充実感
各世代への普及の期待		中年層への普及の必要性	中年層への普及の必要性

〔体操普及についての一般参加者のアイデア〕

多様なバージョン作成やインセンティブの付与などに加え、他団体、機関との連携の必要性や、体操の目的とその効果の明示の必要性など、普及展開に向けた意見が具体的に変化しました（表7－3）。

「体育協会など各団体へ普及をすることで普及していく」「認知度を上げるため、企業等に出向き出張体操を実施したり、CD、DVDを配布する」「何のためにこの体操をするのかやさしく伝える」

〔体操普及についての住民リーダーのアイデア〕

他団体、機関との連携の必要性をはじめ、具体的な取り組みに対する主体的意見が多く

表7-3　体操普及についての一般参加者のアイデア

重要カテゴリー	重要アイテム		
	2015年度	2016年度	2017年度
体操のバージョン充実	年齢に応じたバージョン作成 能力に応じたバージョン作成 音楽の改良	年齢に応じたバージョン作成 能力に応じたバージョン作成 音楽の改良	年齢に応じたバージョン作成 能力に応じたバージョン作成
体操普及活動の工夫	CD、体操のガイド等の活用	DVD、インターネットの活用	インターネットの活用 他団体への宣伝や連携 目的や健康効果の明示
体操の機会創出	教育機関での活用 地域行事の活用 イベントの創出	教育機関での活用 地域行事の活用 イベントの創出	教育機関での活用 地域行事の活用 イベントの創出
取り組みの継続		行事での実施の継続 幼少期からの取り組み	行事での実施の継続 幼少期からの取り組み
インセンティブ	ポイント制	ポイント制	賞与

聞かれるようになってきました（表7－4）。

「サポーターを増やし、普及活動に協力してくださる方をいろんな世代で増やしていきたい。そういう住民を巻き込んでいけば広がりは増えると思う」「食生活改善推進員やスポーツ推進委員、生涯学習推進員で一緒になってやっており、さらにうまく連携していけるようにしていくとよい」

以上が、グループ別の発言の変化です。継続的なオリジ

表 7-4　体操普及についての住民リーダーのアイデア

重要カテゴリー	重要アイテム		
	2015 年度	2016 年度	2017 年度
体操のバージョン充実	年齢に応じたバージョン作成 能力に応じたバージョン作成 音楽の改良	年齢に応じたバージョン作成 能力に応じたバージョン作成 音楽の改良	年齢に応じたバージョン作成 能力に応じたバージョン作成 音楽の改良
体操普及活動の工夫	CD、体操のガイド等の活用	DVD、インターネットの活用	インターネットの活用
体操の機会創出	教育機関での活用 地域行事の活用 イベントの創出	教育機関での活用 地域行事の活用 イベントの創出	教育機関での活用 地域行事の活用 イベントの創出
他機関との連携		他組織や委員との連携	他組織や委員との連携 行政職員等との協力
取り組みの継続		行事での実施の継続 幼少期からの取り組み	行事での実施の継続 幼少期からの取り組み

ナル体操普及活動を通して、一般参加者、地域ボランティア双方から具体的な普及活動に対する展望が聞かれました。今後とも住民主体の体操の普及継続により、役割遂行による充実感や責任感を生み、地域ボランティアがチームとして住民間をつなぐ役割を担っていくことが求められます。体操の今後の普及に向けたニーズとして、地域資源の活用、媒体の活用、イベント企画、インセンティブの必要性があがりました。FGI調査により、住民リーダーの共感ネットワーク化、住民リーダー同士

が関係性を構築しながら楽しむことで、体操普及活動への参加を促進した可能性があります。住民を巻き込んだコミュニティ・エンパワメントが、住民リーダーの主体的な取り組みを引き出し、住民同士の健康づくりのみならず、世代間交流にも有効となると考えられます。今後、体操の普及を通じ、住民リーダーの輪が拡がり、楽しみながらさらに一体感を強め、多世代交流を意識しながら取り組むことで、さらなる住民同士の関係性を生み、「地域づくり」へつながることが期待されます。

3 共創ウェルビーイング研究成果

(1) 共創ウェルビーイングが社会とのかかわりに及ぼす効果

①社会とのかかわりの年次推移（図7－3）

「社会関連性指標」を用いて社会とのかかわり状況の推移を評価しました。この指標は「生活の主体性（社会生活への適応）」「社会への関心（新聞の購読を行うなど）」「他者とのかかわり」「身近な社会参加」「生活の安心感」の五領域一八項目から構成されます。指標の基準に準じ、項目ごとに最も頻度の少ない項目「めったにない」を〇点、それ以外の「ある」「まあまあある」「たまに」などを一点とし、総合得点（一八点満点）を算出しました。

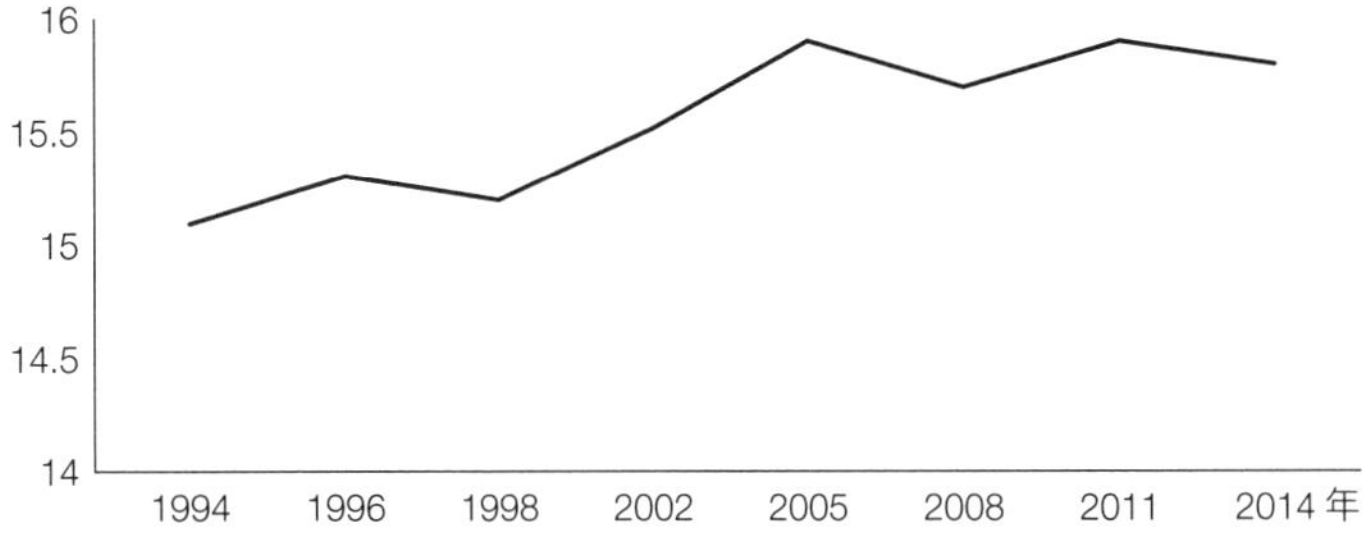

図 7-3　社会とのかかわりの年次推移

高齢者の社会とのかかわりの地域全体の平均得点は一九九四年から二〇一四年の二〇年間で優位に上昇していました（渡邉他 2017）。

②社会とのかかわり維持の関連要因（図7－4）

社会とのかかわりの維持は（二〇一一年から二〇一四年の三年間）自治体の健康増進施設利用者に高く、自治体の健康増進施設を利用している者は三・六倍、保健センター・地域包括支援センターを利用している者は六・七倍と、非利用者と比べて社会とのかかわりを維持することができていることがわかりました。

(2) 共創ウェルビーイングによる生活習慣の充実が身の回りの動作の自立や幸福感に及ぼす効果

①生活習慣と身の回りの動作の自立との関連（図7－5）

身の回りの動作が自立していることと、普段の生活の状況との関連を検証しました。その結果、キラリとびしまのびのび体操を

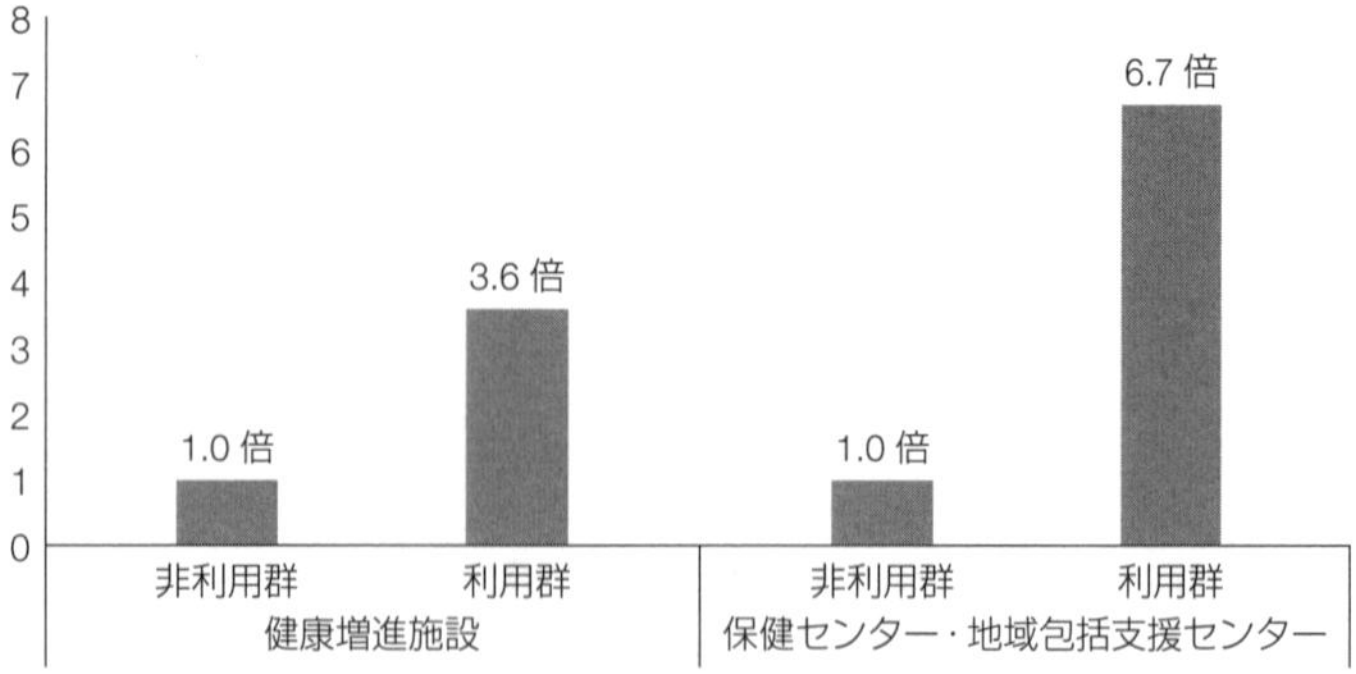

図 7-4　社会とのかかわり維持の関連要因

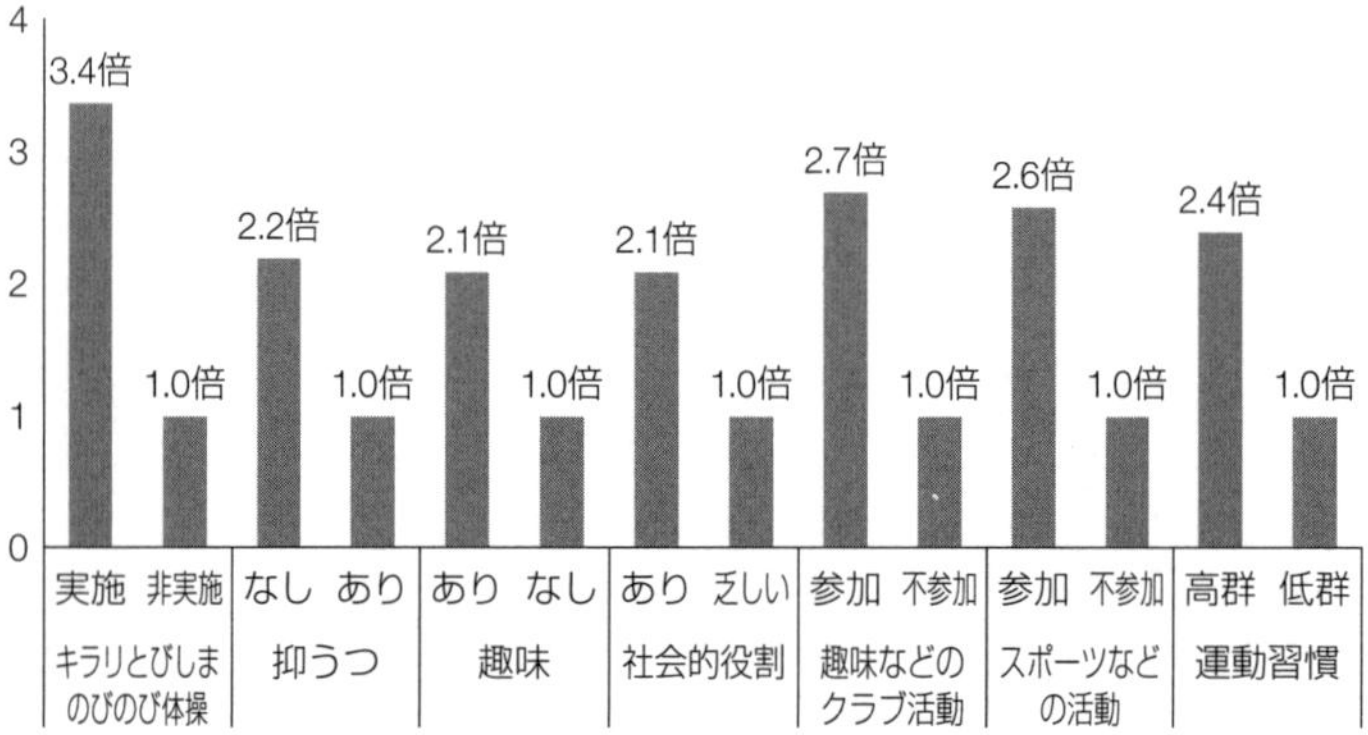

図 7-5　生活習慣と身の回りの動作の自立との関連

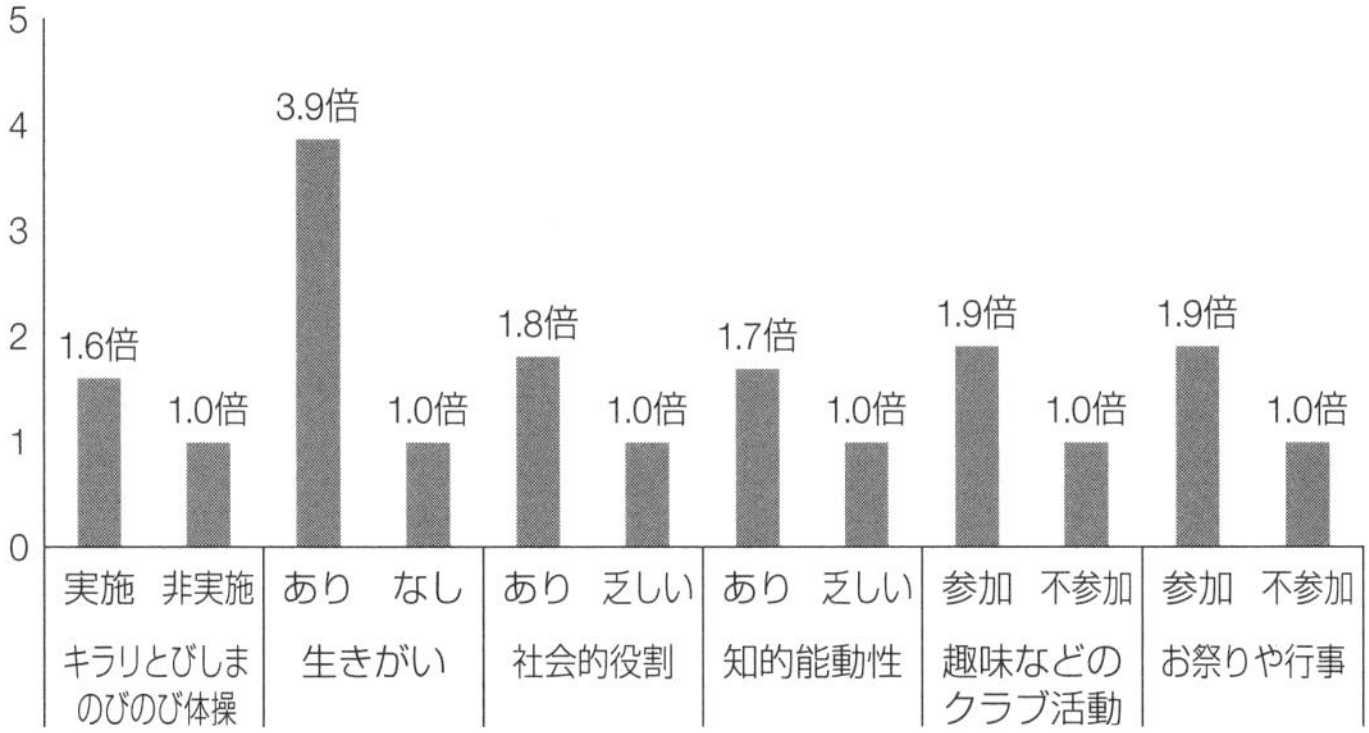

図 7-6 生活習慣と幸福感との関連

実施していること、抑うつ状態でないこと、趣味や役割をもつこと、社会的な役割があること、趣味などのクラブ活動をしていること、スポーツなどの活動をしていること、運動習慣があることと、身の回りの動作の自立が関連していました。普段の生活で主体的、活動的な生活をしていることが身の回りの自立に良い影響を及ぼす可能性が示されました。

②生活習慣と幸福感との関連（図7－6）

キラリとびしまのびのび体操、生きがいをもつこと、役割や社会的刺激をもつこと、クラブ活動、地域行事への参加と幸福感が関連していました。幸福感を感じているかどうかと、普段の生活の状況との関連を検証しました。その結果、キラリとびしまのびのび体操を実施していること、生きがいがあること、社会的な役割があること、知的能動性（新しいことに取り組む力）があること、趣味などのクラブ活動をしていること、お祭りや行事に参加していることと幸福感が高いことが関連していました。普段の生活で他者と交流機会のある生活に取り組んでいることが幸福感に影響を及ぼす可能性が示されました。

4　共創ウェルビーイング実現のコツ

(1) 当事者主体

当事者の発案を行動にかえる仕掛けをつくりながら、アイデアを形にしていくことができる喜びを共に分かち合う活動となるように、住民が自分たちの健康について主体的に考え、行動を起こし、アイデアを出しながら、創作、普及を進める活動となりました。自分たちにとって少し難しい課題を設定することで、乗り越える喜び、創り出す喜びを経験することが自分たちの活動という自覚を高め、より良い活動にしていきたいという意欲を高めてきました。

(2) 多世代を巻き込む地域ぐるみの健康増進

活動の普及を通じて、多世代を巻き込み、地域ぐるみの健康増進活動に発展させることができました。これによって、全住民の健康化と健康長寿の実現への可能性が高まりました。

(3) 持続可能な活動：持続ウェルビーイング

住民主体のアイデアにより、生活に根づいた活動が可能となり、イベントのみの活動ではなく、継続性をもった持続可能な活動となりました。課題を設定しながら、それを乗り越え、継続できる楽しみを仲間と共有していくことが、当事者のウェルビーイングにつながります。

(4) 評価の視点

実施するだけにとどまらず、活動を振り返り、再評価を行い、軌道修正をしていくことが大切です。他者からのフィードバック機会や見える化を頻回に行うことで、微修正をしながら、継続可能な活動として根づかせることができます。

「とびしまオリジナル体操」は多世代を巻き込む地域ぐるみの健康増進への仕掛けの一つです。創作から普及まで住民が主体となり、現在まで普及を継続しています。創作や普及の過程の中で、活動を評価しながらさらなる発展につなげ、地域全体へと意識を拡大しています。住民主体の体操普及活動の継続により、より多くの住民が体操に親しみや一体感を抱き、さらに住民リーダーは活動の達成感を味わい、積極性かつ主体性が生まれました。

体操を通じて住民同士の結びつきをさらに強めることができました。このように住民が社会とつながりを育む地域づくりが今後ますます重要になります。活動継続、効果の明確化により、さらなる体操の普及推進、共創ウェルビーイングの促進が期待されます。

［第7章担当：澤田優子・篠原亮次・杉澤悠圭・渡邉多恵子・伊藤澄雄・奥村理加・川崎百合子・木下弘・張瑾睿・李双紅］

第8章 社会福祉法人で働く人の夢を束ねる
——当事者としてアイデアを出し合う「夢の花ワークショップ」

1 共創スキルと共創コミュニティ

(1) 背景

わが国では二〇四〇年問題の存在がクローズアップされ、これから急激な人口減少の到来が見込まれることに対し、さまざまな議論と施策が打たれています。二〇〇八年の一億二八〇八万人をピークに減少に転じたわが国の人口は、二〇四〇年には一億一二八四万人まで減少すると推計されています。

とくに地方においては人口減少が著しく、地域社会の衰退が進んでいくものと考えられます。今後、社会福祉法人経営における最大の課題は、人口減少とともに深刻な人材不足です。生産年齢人口の急減により労働力制約が高まる中で、医療、介護、福祉、子ども・子育て支援を担う人材の確保は、実践の場においては切実な問題です。

厚生労働省によると、二〇二五年度の介護人材の必要数は約二四三万人で、二〇一九年度と比較すると約三二万人増やす必要があるとされています。また、医療介護就業者数の推計では、二〇四〇年度には一〇六五万人の就業者が必要と見込まれ、二〇三〇年度時点で製造業の就業者数を医療介護就業者数が抜くと予想されています。まさに人材不足で最も深刻な影響を受けるのは医療介護分野です。すでに人材確保は厳しい状況ですが、さらに深刻化していくものと思われます。

(2) 事業概要

社会福祉法人芳香会は、開業医であった赤羽輝義によって一九七〇年に設立されました。茨城県西部に位置する古河市（旧総和町、旧三和町）、結城市において、養護老人ホームを皮切りに、特別養護老人ホーム、保育所、身体障害者療護施設、重症心身障害児施設、老人保健施設、知的障害者更生施設を整備し、現在、職員数は四八〇名を数えます。

人材不足は芳香会でも例外ではなく、労働集約型産業といわれる福祉・介護の事業所で必要となる人材を確保するために、高齢者雇用、障害者雇用のほか、ＥＰＡ（経済連携協定）、技能実習等の制度を活用し、外国人労働者の雇用にも力を入れています。

(3) 共創ウェルビーイング実践への取り組み：夢の花ワークショップ

ヒューマンサービス従事者のあいだで、今まで普通に仕事をしていた人が、急に、あたかも燃え尽きたように意欲を失い、休職、ついには離職してしまう例が多数報告されています（久保 2007）。社会福祉の領域でも例外ではなく、高齢者介護に携わる人の三割が高いバーンアウト状態にあるという報告もなされています（渡邉・石川 2012）。

そこで、本章では、芳香会が、自分、他者、環境に心を配るケア（Care）と、共に作り上げるクリエーション（Creation）を基盤とする共創ウェルビーイングを実現する「夢の花ワークショップ」の実践を紹介します。

2 共創ウェルビーイング研究成果

(1) 対象

障害児・者福祉、高齢者福祉、児童福祉など複合的な機能をもつ芳香会内の職員二四名を対象としました（表8－1）。

表 8-1　対象者の属性

性別	男性 17 名、女性 7 名
年代	20 代 2 名、30 代 17 名、40 代 4 名、50 代 1 名
役職	あり 14 名、なし 16 名
職種	相談職 7 名、事務職 3 名、介護職 10 名、看護職 1 名、リハ職 1 名、研究職 2 名
所属	障害福祉 15 名、高齢福祉 6 名、司法福祉 1 名、その他 2 名

(2) 夢の花ワークショップの実施方法

目的と理念の共有

メンバー全員でワークショップの目的と理念を共有します。目的は、「現在および未来の利用者、地域住民、他機関を含む専門職のパワーを最大限に引き出すことのできる、かけがえのない存在の社会福祉法人となること」と設定しました。実現に向けた理念として、①エンパワメント、②インクルージョン、③イノベーションを据えました。

グループ構成と環境整備

多様な意見が出て刺激が得られるよう、できるだけさまざまな背景をもつメンバー同士を組み合わせ、五つのグループを構成しました。六時間ずつ四日間、討論に支障のない静かな部屋、模造紙五枚、色マジックを準備しました（写真8－1）。

写真 8-1　夢の花ワークショップの様子

夢の花アイデアの抽出

目的実現に向けた夢を付箋紙に書き、メンバー間で討議して分類しました。分類された夢の集まりを花びらに見立て、模造紙にマジックペンで夢の花を描きました（写真8－2）。

利用できる資源の確認

目的実現に向け、現在利用できる資源を付箋紙に書き、メンバー間で討議して整理しました。整理した利用できる資源を葉に見立て、模造紙にマジックペンで葉と茎を描きました。

必要な資源の探索

現在はないが必要な資源をメンバーで討論し、共有しました。これらを根に見立て、模造紙にマジックペンで根を描きました（写真8－3）。

写真 8-2　夢の花アイデアの抽出

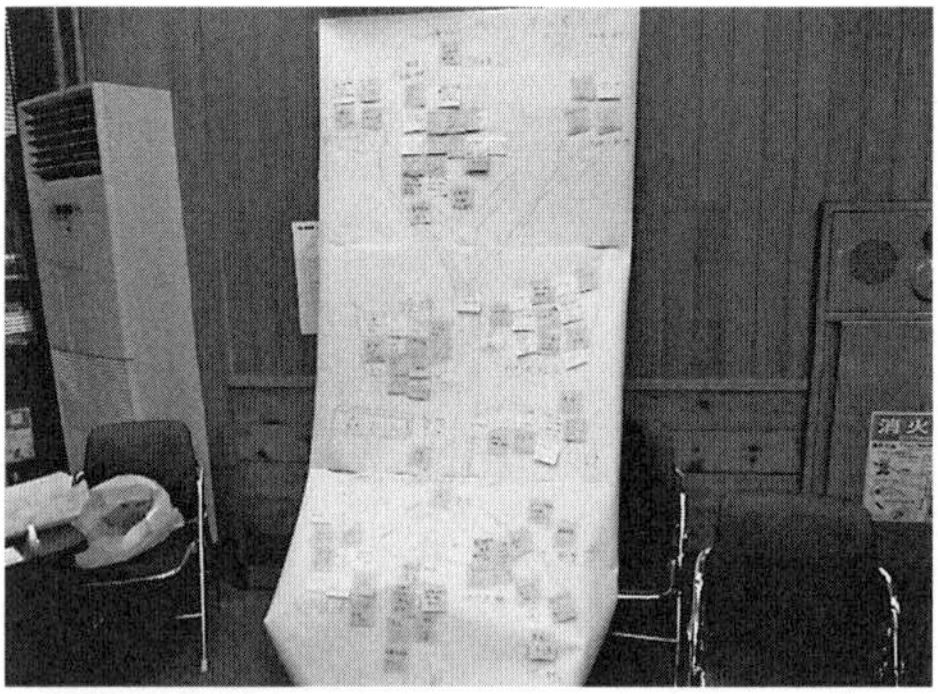

写真 8-3　必要な資源の探索

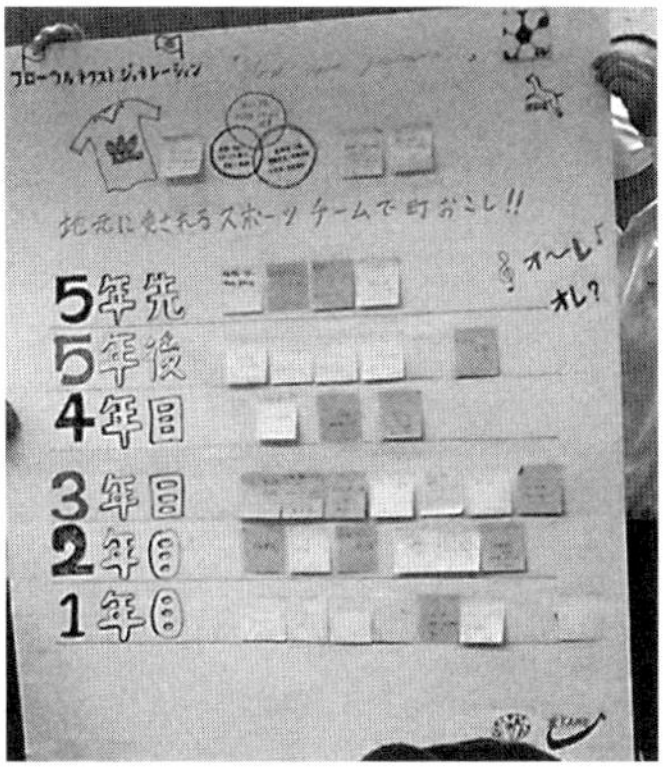

写真 8-4　ロードマップの作成

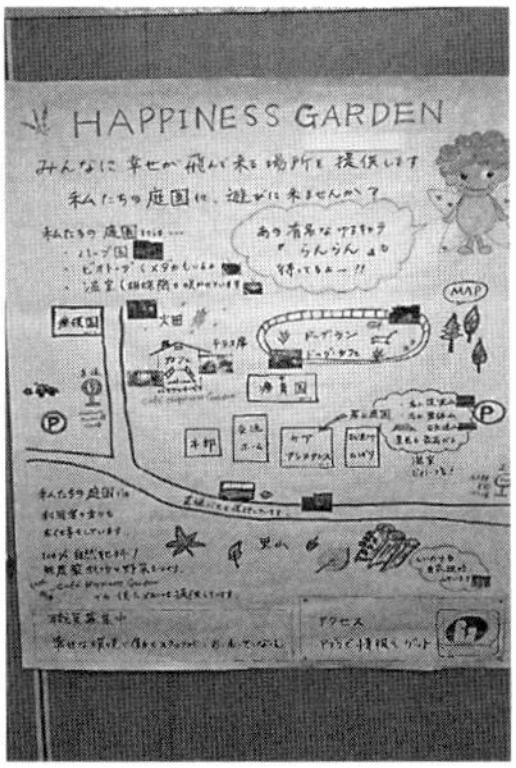

写真 8-5　成果のイメージ

実現へのプロセス設計

五年後の実現を目指し、年次ごとにどのように資源を調達し実現するか、ロードマップを整理しました（写真8－4）。

成果のイメージ作成

完成した成果をビジュアル化し、現在および未来の利用者、地域住民、他機関を含む専門職に対し、すばらしさをわかりやすく伝えるイメージ図を作成しました（写真8－5）。

(3) 効果評価の方法

ワークショップ終了後に、自記式質問紙を用いた効果評価を実施しました。

質問項目は、堀野（1987）の達成動機の構成要素などを参照して作成しました。プログラム実施前後の

「意識」と「仲間関係」について、「非常にあてはまる（七点）」から「全然あてはまらない（一点）」の七件法で回答を依頼しました。各変数のデータ分析を検定し、正規分布に従わなかったため、平均値と中央値を算出し、ウィルコクソンの順位和検定を用いて変化を検定しました。有意水準は p=0.05 を採用し、分析には SAS9.3 を使用しました。

⑷ 結果

「意識」については、「活動が社会の役に立つ」「活動することが楽しい」など、三三項目のうち三〇項目で、実施後に有意に得点が高くなりました（表8－2）。

「仲間関係」については、「仲間の雰囲気は心地よい、話しやすい」など一六項目のうち、「仲間の雰囲気は楽しい」を除く一五項目で、実施後に有意に得点が高くなりました（表8－3）。

3　共創ウェルビーイング実現のコツ

エンパワメント・プログラムとしての夢の花ワークショップの展開にあたり、エンパワメントを効果的に推進するために、安梅らの「エンパワメントの七つのコツ（安梅 2014）に沿って実施しました。

表 8-2　実施前後の意識の変化

項目	実施前		実施後		P
	平均値	中央値	平均値	中央値	
利用者の意向を理解している	4.96	5.00	5.17	5.00	0.060
仲間の意向を理解している	4.63	5.00	5.25	5.00	<0.001
活動が社会の役に立つ	4.75	5.00	5.71	6.00	<0.001
意味のある活動である	4.58	5.00	5.67	6.00	<0.001
活動することが楽しい	4.50	4.00	5.25	5.00	<0.001
自分に役割がある	5.00	5.00	5.58	6.00	<0.001
自分のすることが役に立っている	4.46	5.00	4.88	5.00	0.002
活動に参加する機会がある	4.71	5.00	5.21	5.00	0.001
活動に積極的に参加している	4.58	4.50	5.04	5.00	0.002
自分は尊重されている	4.58	4.00	4.88	5.00	0.031
他の人が特別扱いを受けている	5.63	6.00	5.58	6.00	1.000
フィードバックがある	4.04	4.00	4.75	4.50	0.001
様々な人の意向が反映されている	4.83	5.00	5.38	6.00	0.001
様々なやり方ができる	4.46	4.50	5.38	5.50	<0.001
メンバーが変わっても活動できる	4.78	5.00	5.43	6.00	0.002
状況に合わせて活動を工夫できる	4.46	4.00	5.38	5.00	<0.001
今後も活動を続けたい	4.79	5.00	5.38	5.00	0.001
将来への夢が広がる	4.58	4.00	5.54	6.00	<0.001
ネットワークや資源の利用をしている	4.42	5.00	5.17	5.00	<0.001
活動に意欲的である	4.50	5.00	5.10	5.00	<0.001
いつもなにか目標を持っていたい	5.46	5.00	5.75	6.00	0.031
決められた仕事の中でも個性を生かしていきたい	5.00	5.00	5.50	5.50	0.002
競争するより自分を生かしたい	4.54	4.00	4.83	5.00	0.016
ちょっとした工夫をするのが好きである	4.63	4.00	5.08	5.00	0.004
勝つことより一生懸命が大事である	5.46	6.00	5.79	6.00	0.063
みんなに喜んでもらえる素晴らしいことがしたい	5.38	5.00	5.79	6.00	0.008
なんでも手がけたことには最善を尽くしたい	5.46	5.50	5.79	6.00	0.031
自分にしかできないことをしてみたい	4.71	5.00	5.25	5.00	0.001
結果は気にしないで何かを一生懸命やってみたい	4.63	5.00	5.17	5.00	0.005
いろいろなことを学んで自分を深めたい	5.42	5.00	5.92	6.00	0.004
今日一日何をしようか考えることは楽しい	4.71	5.00	5.00	5.00	0.031
難しいことでも努力してみようと思う	5.00	5.00	5.42	5.50	0.008
こういうことがしたいなあと考えるとわくわくする	4.71	4.00	5.01	5.00	0.008

表 8-3　実施前後の仲間関係の変化

項目	実施前		実施後		P
	平均値	中央値	平均値	中央値	
仲間の雰囲気は親しい	4.74	5.00	5.83	6.00	<0.001
仲間の雰囲気はやわらかい	5.35	5.00	6.04	6.00	<0.001
仲間の雰囲気は明るい	5.30	5.00	6.09	6.00	<0.001
仲間の雰囲気はほっとする	5.00	5.00	5.65	6.00	<0.001
仲間の雰囲気はいきいきしている	5.01	5.00	5.61	6.00	0.001
仲間の雰囲気はあたたかい	5.57	6.00	6.26	6.00	0.001
仲間の雰囲気はやさしい	5.52	5.00	6.35	6.00	0.001
仲間の雰囲気は主体的である	4.70	5.00	5.35	5.00	<0.001
仲間の雰囲気は癒される	4.39	4.00	5.10	5.00	<0.001
仲間の雰囲気はからだにいい感じがする	4.26	4.00	4.78	4.00	0.004
仲間の雰囲気はにぎやかである	4.48	4.00	5.17	5.00	<0.001
仲間との食事はおいしい	4.61	5.00	5.30	5.00	<0.001
仲間の雰囲気は楽しい	4.87	5.00	5.65	6.00	0.169
仲間の雰囲気は心地よい	4.61	4.00	5.43	5.00	<0.001
仲間の雰囲気は話しやすい	4.65	4.00	5.74	6.00	<0.001
他の仲間に連絡しやすい	4.32	4.00	5.00	5.00	<0.001

この「七つのコツ」に沿って実施したことにより、参加メンバーの「意識」ならびに「仲間関係」によい影響を与えることができました。

⑴ 目的を明確にする

すべてのメンバーが、目的について全プロセスを通じて共有しました。目的を明確にし、ぶれることなく一貫して取り組む環境をつくることでメンバーのモチベーションが保たれました。

⑵ 関係性を楽しむ

夢の花実現に向け、五年計画として具体的なロードマップを作成しました。ロードマップの中で、メンバー一人ひとりが具体的にどのようにかかわっていくのかを、主体的に議論しました。目標の実現に向けた役割が得られることで、互いに刺激し合いながら参加者個々が主体的に話し合いに加わることができました。

(3) 共感のネットワーク化

意図的に所属施設、職種が重ならないように五グループに分け、そのグループ編成は最後まで継続しました。これまで同じ法人内の職員でも、所属施設を超えてかかわりをもつことはほとんどありませんでした。ワークショップ開始当初はピリッとした緊張感、刺激感をもちながらの取り組みでありました。しかし、多くの時間を共に討論し、やはり同じ志をもつ者同士、打ち解け親近感を得ることができました。適度な刺激感と親近感を意図的に作り出すことが有効でした。

(4) 心地よさの演出

ワークショップでは、討論と発表を間延びせずリズムよく進行しました。ワークショップの合間には食事をしながら楽しく本音で語らう時間を設けるなど、緩急のリズムを使い分けながら進めました。意図的にリズムをつくることで、メンバーが心地よく議論を進めることができました。

(5) 柔軟な参加形態

各グループの発表後に、必ず他グループの全メンバーから口頭ならびに書面でのフィードバックを行いました。各グループの夢の花に対し、他グループのメンバーも周辺メンバーとしてかかわり、フィードバックの内容が夢の花に反映されました。メンバーが、あたかもいくつものグループに参加している感覚をもつ柔軟な仕組みづくりが効果的でした。

(6) つねに発展に向かう

すべての参加メンバーは、サービス利用者に対する支援にとどまらず、地域に貢献することが法人の発展形であると理解していました。時代背景を踏まえつつ、未来志向でより意味のある活動が遂行できるよう見据える機会となり、今後の法人の事業展開にとって有効でした。

(7) 評価の視点

今回のワークショップは四日間にわたり実施しましたが、前半の二日間と後半の二日間は、約四か月間の間隔を空けていきます。その間も参加メンバーは課題の精査などのために自主的に集まっていますが、自分たちのグループが咲かせた夢の花について、冷静に客観的に振り返りが行えたことで、満足感が得られ、次への見通しをもつことができました。

また、この期間には、それぞれの参加メンバーの所属施設で、夢の花のプレゼンテーションを行い、参加メンバー以外の職員からの評価を得ています。そのことにより、夢の花を描き具現化することの価値を見いだし、これからの法人のかかわりへの動機づけとなりました。内容および外部の評価の視点が入ることにより活力が得られました。

共創ウェルビーイングの基底にあるエンパワメントには、セルフ・エンパワメント、ピア・エンパワメント、コミュニティ・エンパワメントの三種類があります。それらを組み合わせ、より強い力で推進するモデルがエンパワメント相乗モデルです。

エンパワメントの根幹は、仕組みづくりとチームづくりです。人びとや組織、地域などコミュニティのもっている力を引き出し、発揮できる条件や環境を仕組みやチームとしてつくっていきます。そこでは仕組みやチームが、継続的に力を発揮できる条件を整えることが重要です。

相乗エンパワメントモデルを活用し、メンバーが当事者であり続ける仕組みをつくるため夢の花ワークショップを活用し、動機づけと良好な仲間関係の構築に注目し、継続性の効果評価を行いました。

「意識」面については、実施の前後でポジティブに変化していることが確認され、かけがえのない存在である社会福祉法人実現のための動機づけが達成されました。

表 8-4　エンパワメントの要素と実施前後の意識変化

エンパワメントの８つの要素	実施前後の意識変化
共感性（empathy）	利用者の意向を理解している 仲間の意向を理解している
自己実現性（self-actualization）	活動が社会の役に立つ 意味のある活動である 活動することが楽しい
当事者性（inter sectoral）	自分に役割がある 自分のすることが役に立っている
参加性（participation）	活動に参加する機会がある 活動に積極的に参加している
平等性（equity）	自分は尊重されている 他の人が特別扱いを受けている フィードバックがある
戦略の多様性（multi strategy）	様々な人の意向が反映されている 様々なやり方ができる
可塑性（plasticity）	メンバーが変わっても活動できる 状況に合わせて活動を工夫できる
発展性（innovation）	今後も活動を続けたい 将来への夢が広がる

安梅らの「エンパワメント環境づくりの八要素」（安梅 2014）に照らしても、「共感性（仲間の意向を理解、等）」「自己実現性（活動が社会の役に立つ、等）」「当事者性（自分に役割がある、等）」「参加性（活動に参加する機会がある、等）」「平等性（自分は尊重されている、等）」「戦略の多様性（様々な人の意向が反映されている、等）」「可塑性（状況に合わせて活動を工夫できる、等）」「発展性（将来への夢が広がる、等）」のすべての領域で効果が示されました（表８－４）。

また、「仲間関係」について

は、「仲間の雰囲気は親しい」「仲間の雰囲気はやさしい」「仲間の雰囲気は癒される」「仲間の雰囲気は心地よい」「仲間の雰囲気は話しやすい」など、多様な側面において関係性の深まりがみられました。

夢の花ワークショップ実施により、メンバー間の相互作用が機能し、共創ウェルビーイングが実現しました。実際に、これまでに人任せで、誰かがやってくれるのを待っていたメンバーが、自分たちでアイデアを出して変えていくことに大きな喜びを感じながら、夢の花ワークショップに取り組む様子を垣間見ることができました。

［第8章担当：酒寄学・宇留野光子・宇留野功一］

第9章 共創ウェルビーイング尺度開発

1 共創スキルと共創コミュニティ

二〇一九年一一月に存在が確認され現在も終息に至らず、全世界で猛威を振るうCOVID－19（新型コロナウイルス感染症）は、現代を生きる人類が初めて体験する危機的状況を生みました。WHOは二〇二〇年一月三一日、国際的に懸念される公衆衛生上の緊急事態を宣言し、事務局長は三月一二日にパンデミックを表明しました。各国で感染予防対策が打ち出される中、日本政府は二〇二〇年四月、二〇二一年一月、四月、七月の四度、首都圏を中心に緊急事態宣言を発出しました。それにより、二〇二〇年に自国開催予定であったオリンピック・パラリンピックの延期、コンサート等イベントの中止、臨時休校や休園、オンライン授業、在宅勤務やテレワーク、飲食店でのアルコール提供の禁止や営業時短要請等が行われ、医療実践の場にとどまらず日常生活の中で人が集中しやすい活動を中心に、人と人や社会、環境との「つながり」が築きにくくなりました。

そのような状況下において、コミュニティを中心に「つながり」を維持し課題解決を図ろうとする動きがありました。たとえば、速乾性手指消毒薬の設置や体温測定、人と人の間の一定のスペース確保、人数制限等の感染対策を講じた集合型交流およびオンライン交流やメッセージ配信等の非集合型交流、社会福祉協議会や住民ボランティアの協力を得て高校生や大学生が高齢者の健康を気遣う手紙やメッセージを届ける活動、ＣＯＶＩＤ－19に関するリーフレットを高齢者同士で配布し合い注意喚起する等の新たなつながりや協働の創出、住民同士の安否確認を兼ねた声のかけ合いや自主的な健康維持のための屋外ラジオ体操の実施といった住民主体によるネットワーク形成等です。

これらの取り組みによる人と人や社会、環境とのつながりは交流や協働、住民主体を創出しました。さらに、交流は人と人のコミュニケーションの機会、協働は思いやりや情報共有、住民主体は支え合いや身体機能維持等、当事者のウェルビーイングの向上を目指した活動でした。つまり、ＣＯＶＩＤ－19下における人と人や社会、環境とのつながりの維持は共創ウェルビーイングを示していることがわかります。

ＣＯＶＩＤ－19下での共創ウェルビーイングの創出は、人々に勇気と励ましを与え、夢の実現を可能にすると想定されますが、現在までに共創ウェルビーイングの程度測定や共創ウェルビーイングを増大させるための関連要因等については明らかになっていません。筆者らはそれらを明らかにするために、共創ウェルビーイング尺度開発を試みています。本章ではそのプロセスを紹介します。

2 共創ウェルビーイング研究成果

(1) 共創ウェルビーイング尺度開発プロセス

本尺度開発は、特定のテーマに関する研究論文や著作物をまとめて評価する**文献レビュー**、複数の専門家を招集し、問題の解決方法について回答とフィードバックの過程を繰り返し、専門家間で収束した見解を得る手法である**デルファイ法**、「生の声そのままの情報」を活かすことができ、量的な調査では得られない「深みのある情報」と、単独インタビューでは得られない「積み上げられた情報」「幅広い情報」「ダイナミックな情報」を得ることが可能である**フォーカスグループインタビュー**の三つの手法を用いて開発を試みています。

⑵ 文献レビューから導いた共創ウェルビーイング

文献レビューでは、共創ウェルビーイング概念の概観を捉えました。

共創とは、「共」に「創」ることで、個人ではなく他者との協働により創造することを意味します。ウェルビーイングとは人間が身体的、精神的、社会的に良好な状態であることを意味する概念です。ウェルビーイングを共創の観点から捉えると、個人のウェルビーイングにとどまらず、仲間や組織、コミュニティとの相互作用が必要です。共創ウェルビーイングは人々の協働による相互作用の促進と身体的、精神的、社会的に良好な状態をつくりだす仕組みにより実現されます。

人間発達を生態学的に捉える生態学的モデル（Bronfenbrenner 1979）を参考にすると、共創ウェルビーイングはシステムとして捉えることができます。その枠組みの中のミクロシステムとは、家族や友人、親戚、隣人との相互作用を示します。メゾシステムは、資源や地域条件、制度などミクロシステムに直接影響を与えるより包括的な要素です。エクソシステムは、メゾシステムに影響を与えることにより、メゾシステムに人材や資源、ソフトを供給する役割を担うケア、農業、商業、環境関連などの団体であり、間接的にミクロシステムに影響を与えます。マクロシステムは、地域の文化、歴史、価値、社会規範であり、クロノシステムは、時間的経過に基づいた持続可能な発展です。

この枠組みをもとに「個人」「仲間との共創」「社会との共創」「環境との共創」「持続可能な共創」の五カテゴリーを抽出し、既存のウェルビーイング尺度（Linton et al. 2016; Cooke et al. 2016; Lindert et al. 2015）を参考に尺度試案を設定しました。

(3) デルファイ法で洗練した共創ウェルビーイング

本調査の対象者は、日本、中国、アメリカ、ドイツ、スイスの保健福祉事業に関する経験年数四年から三五年の男性六名、女性一九名でした。

本調査では、各専門家に文献レビューで作成した尺度試案のカテゴリー、サブカテゴリー、下位尺度の適正について回答とフィードバックの過程を繰り返し行いました。その結果、カテゴリー、サブカテゴリーについては追加修正の意見はありませんでした。下位尺度は、追加項目やカテゴリー分類の変更に関する意見がありました。

(4) おもちゃ学芸員の共創ウェルビーイング

① 生の声を生かす方法

本調査の対象者は、先行研究でボランティア活動に参加したきっかけ及びやりがいにソーシャルキャピタル構造と活動における共創が確認されている多世代交流型ミュージアムの二〇歳台から八〇歳台のボランティアスタッフ（おもちゃ学芸員）男性二四名、女性四七名でした。ソーシャルキャピタルは、OECDが未来の幸福（ウェルビーイング）のための資源として自然資本、人的資本、経済資本に加えてあげている資源です。質問内容は、ボランティア活動に参加したきっかけ及びやりがいで、インタビュー時間は各組六〇分程度でした。本調査は、インタビュー依頼時と実施前に調査目的と倫理的配慮について説明し、研究参加への同意を得て実施しました。

分析方法は要約的内容分析法を用い、ICレコーダーに録音された記録から正確な逐語録を作成しました。観察記録による参加者の反応を加味し、複数の分析者で確認しながらテーマに照合し重要アイテムを抽出しました。重要アイテムの類型化、抽出したサブカテゴリー、重要カテゴリーについては、グループインタビューに精通した専門家のスーパーバイズを受け、重要アイテムの意味することと、類型化およびカテゴリーの抽出にずれがないことを確認しました。

②参加者の生の声

要約的内容分析の結果、ボランティア活動に参加したきっかけ及びやりがいから［活躍の場の存在］［他者との交流］［活動への魅力］［活動継続のモチベーション］［社会貢献への意欲］の五つの重要カテゴリー（表9-1）を抽出しました。以下、重要カテゴリーは［　］、サブカテゴリーは《　》、重要アイテムは〈　〉の記号を用いて記述します。

表 9-1　ボランティア活動に参加したきっかけ及びやりがい

重要カテゴリー	サブカテゴリー	重要アイテム
活躍の場の存在	居場所の確保	・年齢が上がってくると社会とのつながりが希薄になって家にいても会話が少なくなるけど、ここにくると話をすることができる ・ここが私の居場所になったように感じます ・行く場所があることがとてもうれしいです ・「拠点」であり、今の私の生活の軸となっています ・私にとっていつでも行ける場所ができたと感じています
	自己役割の確保	・施設から名刺をもらっていて、知り合いに見せて自分には役割があることを伝えることができ、とてもうれしいです ・「こういうところでボランティアしているんだ」といって名刺を渡す ・自分の今まで培ってきた経験を生かすことができることがうれしい ・プロのように、みなさんが扱ってくださるので、ここでの出会いはプラスの出会いだと思っています ・自分の得意なことを生かせる場があることは大事なことだなと思います
他者との交流	他者と出会う機会	・全く違う世界の人たちと交流してみたいと思って参加しました ・ここでしか会わない人と思いを共有できるかかわりがいいなと思います ・共感ができて「自分がやっていることは大事なことだったのかな」と思える ・自分の得意分野を初心者や不得意な人に教えてあげる機会がある ・いろんな職種の人がいて、そういう人たちと触れ合うことによって刺激になる ・価値観を共有するメンバーが揃っている
	仲間づくり	・ボランティアをしたいという共通の思いがある方々と友だちになれるかなと思い参加しました ・活動をしていると仲間ができることが良いと思います ・活動をしているといろんな方と出会い、つながりを感じます ・ボランティア活動に参加している人は価値観が似ている方が多く、一緒に活動しやすい
	来場者とのふれあい	・おもちゃを通じて出会い、コミュニケーションがとれる ・おもちゃを通して楽しくふれあえるのがいいなと思う ・おもちゃっていうのは言葉のコミュニケーションがはかれなくても、通じる ・（施設が）おもちゃを主体にしているので、そのおもちゃで遊んでみると何となくコミュニケーションが生まれてきますよね ・学芸員は、おもちゃと人との間のコミュニケーションをとる役目だと思う ・子どもから教えてもらうことがいっぱいあって、それが自分の楽しいことになっている ・お客さんといっしょに遊んだり、お話することで自分も豊かになる ・子どもたちが私が想像しないようなことをすることを発見するのが楽しい ・子どもたちと触れ合うと、そこで自分自身の考え方が活性化されるような気がする
活動への魅力	自己研鑽	・自分なりに努力してやってみようと活動しています ・自分の学びになればと思って参加しています ・自分の視野を広めるために参加しました ・活動内容をもっと知りたいと思い参加しました ・学ぶことの楽しさ、こんなに学ぶことって楽しかったんだと思う ・今のおもちゃをいろいろと覚えたり、お手玉とかもできなくなっているので、それを何とかして磨こうと思って参加した ・みなさん「楽しみたい」とか「知りたい」ということがあるので、そういう場面をつくっていただくことでつながっていく ・自分が興味をもったものは聞くようにして、ずいぶん聞きました ・自発的に聞くしかないから「どうしたらいいかな？」と気がつけば聞いている ・今までやったことのない遊び方を教えていただく機会があるので、この歳になって今までやったことがないことをやって、次にお客さまがお見えになった時、うまく自分でやれた時は「よかったな」と思う ・おもちゃ美術館では研修とかスキルアップの機会がたくさんある
	学芸員同士の助け合い	・（アイデア）を出し合い「何かできる人いませんか？」とみんなに声をかける ・学芸員仲間とかスタッフと触れ合えて、いろんな知見を広げられる、人間関係を広げることができる

		・おもちゃのことを話すと、また次に詳しい方に話を聞いて話をしたり、一緒に練習したり、１つの「出会い」が重なっていく ・情報をみんなで共有できていること ・人に教えるのは生きがいを感じます ・初めての人にも説明して、うまくいったら、その時の喜び、教えた方も喜ぶし、いいチャンスだと思います ・「こういうふうにしたらできるんですよ」といって、やってみたら「できた」という体験をするのは、お互い、うれしいですよね
	興味や関心	・自分の興味がある活動だったから参加しました ・自分の楽しいと思うことをやりたいと思い参加しました ・募集広告を見て「面白そう」と思って参加しました ・人とかかわることが好きなので参加しました
活動継続のモチベーション	組織の受け入れ体制の充実	・「誰でもウェルカム」という気持ちがある ・おもちゃ学芸員のいいところはハードルが低いというか､わりと誰でも参加できる ・「ボランティアをしたいという気持ちがあれば、どうぞ」といってくださって、いろんなかかわり方や、おもちゃでの遊び方を少しずつ学んでいけばいい ・最小限のルールしかないので、それが一番、踏み出しやすい環境なのかなと思います ・スタッフの方が私たちに「ありがとう」という会をつくってくださって楽しむ日をくださるので「ありがたい」と私たちは思って来ている ・「否定しない」ところがいいところですね。「こうあらねばならない」ではなく、その人のやりたいこと、その人の存在場所が、ちゃんとあるところ。寡黙でもいいし、不器用でもいい。体が思うように動かなくてもいい。「そこにいることでウェルカムだよ」という雰囲気。美術館の人間関係の中では、どんな人も排除されない ・強制して「やりなさい」といわれるのではなく、自分たちが参加したい、ここでみんなといっしょに遊んで、お話をするのが楽しいなという思いで来ている ・お互いが得意なプログラムを出して互いに高めあい、お客さんにも喜んでもらえるという、そういう効果がいいなと思っています ・年齢を重ねたことの価値をちゃんと認めてくれる場。「どんな経験も決して無駄にしない、大事な経験だよ」 ・やっていることを、まず認めることが、この美術館のいいところ ・人と人とのつながりを大事にする ・活動中も自由にさせてくれて、決まり的なものがない。 ・自分の中に眠っていたもの、気づかなかったものを引き出してくれる要素が、係をやる中で自然に出てくる ・いくつになっても認めてもらえる、それが自分の張り合いになる
	来場者の前向きな変化	・連鎖反応があって、来場者に楽しんでもらえると自分も元気になる ・施設に来られる方からいただくものの方が多い ・人の喜びが自分の喜びにつながっていく
	活動への楽しみ	・自分が楽しんでいます ・年齢や性別に関係なく、ここに来た人たちはみんな笑っちゃう ・「仕事をする」という感覚ではなく、ここに「遊びに来る」 ・自分も楽しく、その時を過ごせる ・楽しくないとボランティア活動はできないので、まずは自分自身が楽しむ ・「自分が楽しまなきゃ」というのが、一番大切なことではないかな ・楽しいところに人は集まってくると思う ・私たち自身が楽しんで遊び方を覚えるとか盛り上がると、いつの間にか人がいっぱい来たりする ・楽しいと人とのつながりが生まれる ・楽しく生きていると「楽しそうだな」と周りの「楽しみがほしいな」という方も来てくださって「いっしょにしたいな」と思ってくれると仲間が増える ・人のためにではなく自分が楽しいのでやっている
社会貢献への意欲	社会貢献への意欲	・この町に何か貢献できる、お役に立てることがあったらいいなと思っています ・何か社会貢献できることをやってみたい ・地域の中で自分が何かできることがあったらと思い参加しました ・これから次世代の方たちに何か伝えたい

表9-1を、文献レビューで示唆された、前述の生態学的モデルを参考にした共創ウェルビーイングをシステムとする枠組みと照らし合わせ、以下に共創ウェルビーイング構造と構成の特徴を確認します。

ミクロシステムには［活動への魅力］の〈学ぶことの楽しさ〉〈スキルアップ〉等の《自己研鑽》、〈興味がある活動だった〉等の当事者の《興味や関心》が該当します。さらに、［活動継続のモチベーション］の〈自分が楽しむ〉〈楽しいと人とのつながりが生まれる〉等の《活動への楽しみ》、［社会貢献への意欲］はこの次元に該当します。

メゾシステムには［他者との交流］の〈価値観を共有するメンバーが揃っている〉等の《他者と出会う機会》、〈活動をしているといろんな方と出会い、つながりを感じる〉等の《仲間づくり》、〈おもちゃを通して楽しくふれあえる〉等の《来場者とのふれあい》が該当します。［他者との交流］はミクロシステムの《興味や関心》があり、参加した活動が《活動への楽しみ》となり、より楽しみを他者に伝えるための《自己研鑽》《社会貢献への意欲》に直接影響します。また、［活躍の場の存在］の〈行く場所がある〉〈今の私の生活の軸〉等の《居場所の確保》、〈自分の得意なことを生かせる〉等の《自己役割の確保》は、活動するための環境があるという点でミクロシステムに影響します。さらに、［活動への魅力］の〈人に教える〉〈一緒に練習する〉等の《学芸員同士の助け合い》や、［活動継続のモチベーション］の〈来場者に楽しんでもらえる〉等の《来場者の前向きな変化》はこの次元に該当し、活動によるポジティブフィードバックとしてミクロシステムに影響します。

エクソシステムには［活動継続のモチベーション］の〈最小限のルールしかない〉〈自由にさせてくれる〉等の《組織の受け入れ体制の充実》が該当し、間接的にミクロシステムに影響します。

3 共創ウェルビーイング実現のコツ

⑴ 当事者能力を最大限に活かす：ミクロシステム

第2節で参考にした生態学的システム理論は、ミクロシステムを中心にその他の次元との相互作用を捉えます。共創ウェルビーイングに適用すると、ミクロシステムの当事者ウェルビーイングはその他の次元と相互作用を繰り返し発達していきます。

本事例では《来場者とのふれあい》の〈子どもたちが私が想像しないようなことをすることを発見するのが楽しい〉〈子どもたちとふれあうと、そこで自分自身の考え方が活性化されるような気がする〉のように遊びを提供しつつ、来場者からウェルビーイングを得る関係を指します。

(2) シェアド・リアリティによる共創社会形成：メゾシステム

シェアド・リアリティとは、他者と共有された現実を経験したいという人の根源的な欲求を示す概念です。現実の共有は他者に魅力的であり、「挑戦したい」「共にやってみたい」等の行動力を引き出します。当事者ウェルビーイングを高めた体験を他者とつながりながら共有し、他者と相互にウェルビーイングを実現し合う関係を築くことが、共創社会形成には重要です。

本事例では、《学芸員同士の助け合い》の〈「こういうふうにしたらできるんですよ」といって、やってみたら「できた」という体験をするのは、お互い、うれしいですよね〉や《他者と出会う機会》の〈自分の得意分野を初心者や不得意な人に教えてあげる機会がある〉ことが該当します。

(3) 外部に向けたネットワークの拡充：エクソシステム

生態学的モデルで共創ウェルビーイングを捉えると、ミクロシステムに間接的に影響を与えるエクソシステム以降の次元は、ミクロシステムをシステムとして支える重要な次元と考えられます。つまり、組織内の共創に限らず、組織外との共創も視野に入れ、組織内と組織外との相互作用により、コミュニティや社会、環境が共創ウェルビーイングをより高めていくことが想定されます。

本事例では《社会貢献への意欲》のように、多世代交流型ミュージアムで得た知見や技術を外部コミュニティに広げようとする動きが、おもちゃ学芸員の中に自然と沸き出しています。自己のみでなく、他者やコミュニティ、社会、環境に広がる共創ウェルビーイングの発展が期待されます。

［第9章担当：松本宗賢・李响・重枝麻衣子・朱珠］

おわりに――みんなでつむぐ幸せな未来へ

Some cause happiness wherever they go: others whenever they go.（どこに行っても幸福をもたらす者もいれば、いつ行っても幸福をもたらす者もいる）

――Oscar Wilde（オスカー・ワイルド）

共創ウェルビーイングは、私たち一人ひとりがもつ力を最大限に引き出し、そしてその力を集結させることで、新しい幸せの形を築くものです。私たちは一人ひとりの幸福に加え、組織、地域、社会全体が一つの大きな幸せの共同体となることを目指しています。

共創ウェルビーイング実現のポイントは次の五点です。

(1) 主体性のある一人ひとりがいて初めて共創がある

共創に向け、個人の主体性を発揮することが大きなエネルギー源となります。個人の主体性を抑制することが共創ではありません。この点は十分に注意していただきたいポイントです。主体性をもつ個人が共創するからこそ、予定調和でも迎合でもない、新たな次元での成果が生まれるのです。

(2) 当事者主体が判断基準

共創ウェルビーイングのあり方に迷った際の判断基準は、「当事者主体が実現されているかどうか」です。ベストと思われる成果が判断基準ではありません。当事者一人ひとりの人権と人間性、思いが尊重された共創ウェルビーイングとなっているかどうか、当事者主体の倫理性が大切な基準です。

(3) 生かされている奇跡に感謝

私たちのいのちは測り知れないほど多くのいのちに育まれ、今在るのです。また想像できないほど多くのいのちを同時に支え、育んでいます。この尊いいのちを私たちは今生き、未来にいのちをつないでいきます。その奇跡に感謝しつつ、生かされている世界に、誰かに、何かに心を寄せ、ケアします。

(4) 誰か、何かをケアできるあなたはすごい！

私なんかには何もできない。誰でもそう思うことがあります。まずは会釈と軽い挨拶から。そして「すごい」「きれい」「いいなあ」など、感動を口に出すようにしてみます。「ありがとう」も心を支える魔法の言葉です。誰かに何かに心を寄せる、ケアできるあなたは共創ウェルビーイングのパワーばっちりです！

(5) 身の回りから行動を起こそう

「習うより慣れよ」は共創ウェルビーイングについても同様です。まずは行動を起こす、どんなことでもかまわないので何か始めてみることが大切です。本書で紹介した基本的な考え方や事例を踏まえ、身近なところからアクションしてみましょう。きっと新しい発見や人びととの出会いを楽しむことができます。

共創ウェルビーイング実践をうまく進めるコツは下記の三ステップです。

(1) 強みを見つける

まずは自分や人びと、まわりの環境の強み、良さ、すごいところ、伸ばしたいところを、さまざまな側面からできるだけ多く見つけましょう。それを言葉にして表現します。

(2) 認める

さまざまな強みを「こんな強みがありますね」と共有し、互いに認め合います。見つけた強みを互いに意識し認め合うことで、信頼感が生まれ共感につながります。

(3) 楽しみを共有する

信頼感や共感をほんのり感じることができたら、イベントなど楽しみを共有する機会をつくる工夫をします。楽しみを共有することで、共創ウェルビーイングへの道筋がみんなに見えやすくなります。巻末に紹介したかるたやゲーム、絵本やダンスなどをぜひご活用ください。

誰もが夢を実現できる社会（A World of Possibilities）を目指し、下記の三点を踏まえた展開が求められます。

(1) 自然と共生している身体性を大切に。ぬくもり、うつろいを自然の中で感じながらいのちをいつくしみます。

いのちは自然と一体の身体性です。そして常にうつろうものです。現在のウェルビーイングに加え、未来のウェルビーイングにも思いをはせながら、何が私とあなたのいのちにとって、私たちの環境にとって大切なのか考えていきましょう。

(2) 多様性包摂はパワーの源です。のりしろ、のびしろ、しなやかさが共創ウェルビーイングを発展させます。

多様性の包摂はパワーの源です。多様性を有機的につなぎ温かな全体性（ホリスティック）へつないでいきましょう。多様性はのりしろであり、のびしろ、しなやかさ、さらなる成長につながります。

(3) ケアマインドは寄り添うことから。「私たち」「共に」「楽しむ」のハーモニーを奏でます。

ケアマインドとは寄り添うこと、伴走する共感がケアの本質です。ケアの本質はエンパワメントです。当事者とすべての関係者が共に、「私たち」という言葉を使い、共に楽しむ工夫に心をくだきます。

共創ウェルビーイングを継続的に実現するためには、一人ひとり、そして集団と環境の進化可能性（evolvability）を磨くことが大切です。進化可能性とは、変化する環境とつねに変異が遺伝子型に起こる状況下で、共創ウェルビーイングへの変異を生み出し続ける能力です。

国連が設定した持続可能な開発目標（ＳＤＧｓ）の一七項目に加えて、私たち自身がより良い存在に進化していく可能性をはぐくむ、**ケアとクリエーション**（Care and Creation）、**共創ウェルビーイング**（co-creative Wellbeing）を大切に生きていきましょう。

この本は新たな始まりへの礎です。皆さんには、共創ウェルビーイングを日々の生活の中で楽しんでいただけましたらうれしく思います。

安梅勅江

付録　みんな元気に！　エンパワメントのコツ一八条

（共創ウェルビーイング促進ツール）

3. とにかくやってみよう
Let's try it.

4. なんとかなるさ、と思《おも》おう
It's going to be all right.

II. 仲間《なかま》エンパワメントPeer Empowerment
5. 自分《じぶん》に自信《じしん》をもとう
Yes, we can.

6. 人《ひと》とのちがいを楽《たの》しもう
Celebrate diversity.

7. 仲間《なかま》の力《ちから》を信《しん》じよう
Believe in group creativity.

III. 組織《そしき》エンパワメントCommunity Empowerment
8. 人《ひと》びとの大切《たいせつ》なものを大事《だいじ》にしよう
Respect values of others.
Book

9. 人《ひと》びとの願《ねが》いに応《こた》えよう
Respond to the needs of others.

10.人《ひと》びととできることをさがそう
Identify our capabilities.

11.人《ひと》びとと共《とも》に学《まな》び、進《すす》もう
Learn together for improvement.

IV. 生活《せいかつ》エンパワメントPractice in Life
12.さまざまなエンパワメントを一緒《いっしょ》に使《つか》おう
Build empowerment through synergy.

13.変《か》わることにわくわくしよう
Have fun while changing.

14.ささえあおう
Enhance mutual support.

15.よくきいてみよう
Listen with empathy.

16.おもしろがろう
Enjoy practicing.

17.いつも感謝《かんしゃ》しよう
Always be thankful.

共創ウェルビーイング促進ツール

・エンパワメント絵本（一八ヵ国語）　コツ版／探検版／レジリエンス版
・エンパワメントコミック　幼児用／小学生用／中高生用
・エンパワメント動画　エンパワメントストーリー　ワークシート
・エンパワメントソング、ダンス
・エンパワメントカルタ、カードゲーム、ボードゲーム

フリー素材。エンパワメント研究教育フォーラム　ウェブサイト（https://plaza.umin.ac.jp/~empower/eref/）より、どなたでも自由に活用できます。

エンパワメント研究教育フォーラム

引用・参考文献

第1～3章

Adams R（2008）*Empowerment, Participation, and Social Work.* Palgrave Macmillan.

安梅勅江（2004）『エンパワメントのケア科学―当事者主体チームワーク・ケアの技法』医歯薬出版。

安梅勅江編著（2005）『コミュニティ・エンパワメントの技法―当事者主体の新しいシステムづくり』医歯薬出版。

安梅勅江編著（2007）『健康長寿エンパワメント―介護予防とヘルスプロモーション技法への活用』医歯薬出版。

Anme T, McCall M（eds）（2008）*Culture, Care, and Community Empowerment: International Applications of Theory and Methods.* Kawashima Shoten Publishing.

安梅勅江編著（2009）『根拠に基づく子育ち・子育てエンパワメント―子育ち環境評価と虐待予防』日本小児医事出版社。

安梅勅江（2012）「きずな育む力〈絆育力〉をつむぐ―エンパワメント科学のすすめ」『チャイルド・サイエンス』八：二八―三一頁。

安梅勅江（2013）「新たな保健福祉学の展開に向けて―当事者主体の学際学融合研究とエンパワメント」『日本保健福祉学会誌』一九：一―一〇頁。

安梅勅江編著（2014）『いのちの輝きに寄り添うエンパワメント科学―だれもが主人公新しい共生のかたち』北大路書房。

Anme T（2018）*Empowerment Sciences for Professionals Enhance Inclusion and a World of Possibilities.* Nihon Shoni Iji Shuppansha.

安梅勅江編著（2019）『子どもの未来をひらくエンパワメント科学』日本評論社。

Anme T（ed）（2019）*Creating Empowerment in Communities: Theory and Practice from an International Perspective*. Nova Science Publishers.

安梅勅江（2020）『エンパワメント科学入門―人と社会を元気にする仕組みづくり』http://square.umin.ac.jp/anme/EmpowerScience.pdf

安梅勅江編著（2021）『エンパワメントの理論と技術に基づく共創型アクションリサーチ―持続可能な社会の実現に向けて』北大路書房。

Atkinson S, Bagnall A-M, Corcoran R, South J, Curtis S（2020）Being well together: individual subjective and community wellbeing. *J Happiness Stud* 21: 1903-1921.

Bandura A（1977）Self-efficacy: toward a unifying theory of behavioral change. *Psychol Rev* 84: 191-215.

Bronfenbrenner U, Morris PA（2006）The bioecological model of human development. In: Damon W, Lerner RM（eds）*Handbook of Child Psychology: Theoretical Models of Human Development*. John Wiley & Sons, pp.793-828.

Coleman JS（1990）*Foundations of Social Theory*. Belknap Press of Harvard University Press.（久慈利武監訳（2004・2006）『社会理論の基礎（上下巻）』青木書店）

Conger JA, Kanungo RN（1988）The empowerment process: integrating theory and practice. *Acad Manage Rev* 13: 471-482.

Fetterman DM, Wandersman A（eds）（2005）*Empowerment Evaluation Principles in Practice*. Guilford Press.

V・E・フランクル（2002）『夜と霧　新版』（池田香代子訳）みすず書房。

パウロ・フレイレ（2011）『新訳　被抑圧者の教育学』（三砂ちづる訳）亜紀書房。

藤原成一（2020）『「よりよい生存」ウェルビーイング学入門―場所・関係・時間がつくる生』日本評論社。

Hattie J, Fisher D, Frey N, Clarke S（2021）*Collective Student Efficacy: Developing Independent and Inter-Dependent Learners*. Corwin Press.

広井良典（2009）『コミュニティを問いなおす―つながり・都市・日本社会の未来』ちくま新書。

広瀬幸泰（1996）「プロセス変革志向のエンパワーメント」『Diamond ハーバード・ビジネス』二一：二一―三〇頁。

星旦二・桜井尚子（2012）「社会的サポート・ネットワークと健康」『季刊社会保障研究』四八：三〇四―三一八頁。

筧裕介（2019）『持続可能な地域のつくり方―未来を育む「人と経済の生態系」のデザイン』英知出版。

加藤守和（2022）『ウェルビーイング・マネジメント』日経ＢＰ日本経済新聞出版。

小泉英明（2005）『脳は出会いで育つ―「脳科学と教育」入門』青灯社。

久木田純（1998）「エンパワーメントとは何か」『エンパワーメント―人間尊重社会の新しいパラダイム』（現代のエスプリ）至文堂。

草郷孝好編著（2018）『市民自治の育て方―協働型アクションリサーチの理論と実践』関西大学出版部。

前野隆司・前野マドカ（2022）『ウェルビーイング』日経文庫。

Maslow AH（1954）*Motivation and Personality*. Harper & Brothers.

Mathieson J, Popay J, Enoch E, Escorel S, Hernandez M, Johnston H, Rispel L（2008）Social exclusion meaning, measurement and experience and links to health inequalities: a review of literature. WHO Social Exclusion Knowledge Network Background Paper 1.

McClelland DC（1988）*Human Motivation*. Cambridge University Press.

ミルトン・メイヤロフ（1987）『ケアの本質―生きることの意味』（田村真・向野宣之訳）ゆみる出版。

Ryan RM, Deci EL（2001）On happiness and human potentials: a review of research on hedonic and eudaimonic well-being. *Annu Rev Psychol* 52: 141-166.

滝沢武久（1998）「教育と内発的動機づけ」『エンパワーメント―人間尊重社会の新しいパラダイム』（現代のエスプリ）至文堂。

常盤文克（2014）『人が育つ仕組みをつくれ！―リーダーとして一番に心得ること』東洋経済新報社。

鶴見哲也・藤井秀道・馬奈木俊介（2021）『幸福の測定―ウェルビーイングを理解する』中央経済社。

渡邊淳司・ドミニク・チェン（2023）『ウェルビーイングのつくりかた―「わたし」と「わたしたち」をつなぐデザインガイド』ビー・エヌ・エヌ。

第4章

安梅勅江（2004）『エンパワメントのケア科学―当事者主体チームワーク・ケアの技法』5、医歯薬出版。

安梅勅江編著（2005）『コミュニティ・エンパワメントの技法―当事者主体の新しいシステムづくり』23、医歯薬出版。

安梅勅江編著（2014）『いのちの輝きに寄り添うエンパワメント科学―だれもが主人公新しい共生のかたち』7、北大路書房。

松本宗賢・張瑾睿・王妍霖・李响・朱珠・安梅勅江（2023）「生きがい創成型地域拠点における持続可能な社会参加の促進要因分析」『生存科学』三四：六七―七九頁。

Putnum RD, Leonardi R, Nanetti RY（1993）*Making Democracy Work: Civic Traditions in Modern Italy*. Princeton University Press, pp.163-185.

第5章

安梅勅江（2004）『エンパワメントのケア科学―当事者主体チームワーク・ケアの技法』医歯薬出版。

第6章

Anme T, Tanaka E, Watanabe T, Tomisaki E, Mochizuki Y（2016）Does center-based childcare play a role in preventing child maltreatment? Evidence from a one-year follow-up study. *Int J Appl Psychol* 6: 31-36.

安梅勅江編著（2019）『子どもの未来をひらくエンパワメント科学』日本評論社。
安梅勅江・田中裕編著（2022）『保育パワーアップ講座実践編―根拠に基づく支援子育ち子育てエンパワメント』保育パワーアップ研究会
荒巻美佐子・無藤隆（2008）「育児への負担感・不安感・肯定感とその関連要因の違い―未就学児を持つ母親を対象に」『発達心理学研究』一九：八七―九七頁。
安梅勅江編著（2007）『保育パワーアップ講座基礎編―長時間保育研究をもとに子どもたちのすこやかな成長のために』日本小児医事出版社。
飯島彩加・渡邊久実・田中笑子・冨崎悦子・渡辺多恵子・安梅勅江（2022）「配偶者の育児協力、育児支援者と母親のストレスとの関連―0〜5歳児の母親の縦断的研究」『小児保健研究』八一：二七九―二八六頁。
村上京子・飯野英親・塚原正人・辻野久美子（2005）「乳幼児を持つ母親の育児ストレスに関する要因の分析」『小児保健研究』六四：四二五―四三一頁。
田中笑子・冨崎悦子・渡辺多恵子・安梅勅江（2019）「夜間におよぶ質の高い保育の展開と普及に向けたニーズ把握―FGIを用いて」『第66回日本小児保健協会学術集会講演集』
田中裕・安梅勅江・酒井初恵・宮崎勝宣・庄司ときえ（2005）「長時間におよぶ乳児保育の子どもの発達への影響に関する5年間追跡研究」『日本保健福祉学会誌』一二：二三―三二頁。
冨崎悦子・田中笑子・篠原亮次他（2013）「幼児の社会的スキルの変化―一四年間の年齢別推移から」第七二回日本公衆衛生学会総会
全国夜間保育園連盟（2006）「根拠に基づく保育実践の技法―経験的根拠と科学的根拠を両輪として」平成18年度独立行政法人福祉医療機構助成事業

第7章

安梅勅江（2004）『エンパワメントのケア科学―当事者主体チームワーク・ケアの技法』医歯薬出版。

安梅勅江編著（2005）『コミュニティ・エンパワメントの技法―当事者主体の新しいシステムづくり』23、医歯薬出版。

安梅勅江編著（2010）『ヒューマン・サービスにおけるグループインタビュー法Ⅲ／論文作成編―科学的根拠に基づく質的研究法の展開』医歯薬出版。

安梅勅江編著（2014）『いのちの輝きに寄り添うエンパワメント科学―だれもが主人公新しい共生のかたち』北大路書房。

安梅勅江編著（2021）『エンパワメントの理論と技術に基づく共創型アクションリサーチ―持続可能な社会の実現に向けて』北大路書房。

渡邊久実・田中笑子・呉柏良・小林純子・望月由妃子・金春燕・渡辺多恵子・奥村理加・伊藤澄雄・安梅勅江（2017）「地域在住高齢者の社会関連性の20年間推移とコミュニティリソースの影響」『日本公衆衛生雑誌』六四：二三五―二四五頁。

Watanabe K, Tanaka E, Watanabe T, Chen W, Wu B, Ito S, Okumura R, Anme T（2016）Association between the older adults' social relationships and functional status in Japan. *Geriatr Gerontol Int* 17: 1522-1526.

Watanabe K, Tanaka E, Watanabe T, Chen W, Wu B, Ito S, Okumura R, Anme T（2016）Association between social relationships and cognitive function among the elderly. *Public Health Research* 6: 59-63.

第8章

安梅勅江編著（2014）『いのちの輝きに寄り添うエンパワメント科学―だれもが主人公　新しい共生のかたち』北大路書房。

堀野緑（1987）「達成動機の構成因子の分析―達成動機の概念の再検討」『教育心理学研究』三五：一四八―一五四頁。

久保真人（2007）「バーンアウト（燃え尽き症候群）―ヒューマンサービス職のストレス」『日本労働研究雑誌』五五八：五四―六四頁。

渡邉健・石川久展（2012）「高齢者介護施設に従事する介護職員のバーンアウトに与える影響―組織の支援体制を中心とした検討」『Human Welfare』四：一七―二六頁。

第9章

Bronfenbrenner U（1979）*The Ecology of Human Development: Experiments by Nature and Design*. Harvard University Press, pp.115-178.

Cooke PJ, Melchert, TP, Connor, K（2016）Measuring well-being: a review of instruments. *Couns Psychol* 44: 730-757.

Lindert J, Bain PA, Kubzansky LD, Stein C（2015）Well-being measurement and the WHO health policy Health 2010: systematic review of measurement scales. *Eur J Public Health* 25: 731-740.

Linton MJ, Dieppe P, Medina-Lara A（2016）Review of 99 self-report measures for assessing well-being in adults: exploring dimensions of well-being and developments over time. *BMJ Open* 6, e010641.

川崎百合子（飛鳥村）
木下弘（飛鳥村）
張瑾睿（筑波大学）
李双紅（筑波大学）

第８章
酒寄学（社会福祉法人芳香会）
宇留野光子（社会福祉法人芳香会）
宇留野功一（社会福祉法人芳香会）

第９章
松本宗賢（令和健康科学大学）
李晌（浙江師範大学）
重枝麻衣子（筑波大学）
朱珠（杭州師範大学）

執筆者一覧

第１～３章
安梅勅江（筑波大学）

第４章
松本宗賢（令和健康科学大学）
李响（浙江師範大学）
重枝麻衣子（筑波大学）

第５章
尾塩健二（社会福祉法人路交館）
宮崎勝宣（社会福祉法人路交館）
新山妙子（社会福祉法人路交館）
渡健友（社会福祉法人路交館）
白山美鈴（社会福祉法人路交館）
朱珠（杭州師範大学）
王妍霖（筑波大学）

第６章
田中笑子（武蔵野大学）
冨崎悦子（慶應義塾大学）
田中裕（社会福祉法人四恩学園）
酒井初恵（小倉北ふれあい保育所）

第７章
澤田優子（森ノ宮医療大学）
篠原亮次（山梨大学）
杉澤悠圭（つくば国際大学）
渡邉多恵子（淑徳大学）
伊藤澄雄（飛鳥村）
奥村理加（飛鳥村）

「生存科学叢書」刊行にあたって

公益財団法人 生存科学研究所は故武見太郎の理念である「生存の理法」をモットーとして、人類の生存の形態ならびに機能に関する総合的実践的研究によって人類の健康と福祉に寄与すべく設立されました。そこでは、生命科学、医学・医療、看護学など医科学、哲学、倫理学、宗教学、史学、文学、芸術など人文学、法学、社会学、経済学など社会科学、生態学、環境科学など自然科学、それら諸科学の学際的な討論によって人間科学を新たに構築し、総合的な生存モデルの確立を図ることを目的としています。

生存科学研究所はその先端的かつ基本的研究活動と成果を広く他学問領域と共有し、また一般社会にもその理念と活動を啓発すべく、学術機関誌「生存科学」を刊行してきました。多年にわたる研究成果と啓発活動により、日本学術会議協力学術研究団体に指定され、「生存科学」誌は時代と社会の課題を発掘、先導する学術誌として高い評価を得ています。本「生存科学叢書」は「生存科学」誌を中心に展開されてきた研究所の知的かつ実践的成果を広く社会に問いかけようとするものです。

人間、人類にとって望ましい生存様態をいかに構想し、実現していくか、人類の生存の場と質が根本から問い直されている現代にあって、生存科学は基礎人間科学として、時代の状況を切り拓く先端総合学として、ますますその理念の発揚が求められています。「生存科学」誌で研鑽され、蓄積された先鋭的問題意識と成果をベースに、本叢書は、さらに公益に資するべく視野を広げたテーマ、論考を地道にかつ実践的に問いかけていきます。今後引きつづき展開される総合人間学シリーズにご理解をいただくとともに、ご支援をお願いいたします。

2018 年 4 月

公益財団法人 生存科学研究所

〒 104-0061　東京都中央区銀座 4-5-1 聖書館ビル

http://seizon.umin.jp/index.html

編著者紹介

安梅勅江(あんめ ときえ)

筑波大学 医学医療系 国際発達ケア：エンパワメント科学研究室 教授。専門はエンパワメント科学、生涯発達ケア科学。国際保健福祉学会(Systems Sciences for Health Social Services, SYSTED)会長、日本保健福祉学会会長、公益財団法人 生存科学研究所 理事。

主な著書に『根拠に基づく子育ち・子育てエンパワメント』、『Empowerment Sciences for Professionals: Enhance Inclusion and A World of Possibilities』(以上、日本小児医事出版社)、『子育ち環境と子育て支援』(勁草書房)、『エンパワメントのケア科学』、『コミュニティ・エンパワメントの技法』(以上、医歯薬出版)、編著に『子どもの未来をひらく エンパワメント科学』(日本評論社)、『エンパワメントの理論と技術に基づく共創型アクションリサーチ』、『いのちの輝きに寄り添うエンパワメント科学』(以上、北大路書房)、『保育パワーアップ講座』、『気になる子どもの早期発見と早期支援』(以上、日本小児医事出版社)など多数。

生存科学叢書

共創《きょうそう》ウェルビーイング みんなでつむぐ幸《しあわ》せのエンパワメント科学《かがく》

2024年9月25日 第1版第1刷発行

編著者――――――安梅勅江

発行所――――――株式会社日本評論社

〒170-8474 東京都豊島区南大塚3-12-4

電話 03-3987-8621(販売)-8598(編集)

https://www.nippyo.co.jp/

振替 00100-3-16

印刷所――――――平文社

製本所――――――難波製本

装 幀――――――銀山宏子

ISBN978-4-535-98538-4 Printed in Japan